U0122310

大 家 小 小 书
篆刻　王兴家

中国历史小丛书

主　　编　吴　晗

编　　委　丁名楠　　尹　达　　白寿彝　　巩绍英
　　　　　刘桂五　　任继愈　　关　锋　　吴廷璆
　　　　　吴晓铃　　余冠英　　何兹全　　何家槐
　　　　　何干之　　汪　篯　　周一良　　邱汉生
　　　　　金灿然　　邵循正　　季镇淮　　陈乐素
　　　　　陈哲文　　张恒寿　　侯仁之　　郑天挺
　　　　　胡朝芝　　姚家积　　马少波　　翁独健
　　　　　柴德赓　　梁以俅　　傅乐焕　　滕净东
　　　　　潘絜兹　　戴　逸

新编历史小丛书

主　　编　戴　逸
副 主 编　唐晓峰　　王子今　　黄爱平
总 策 划　高立志　　吕克农
编　　委　李洪波　　李鹏飞　　沈睿文　　陈建洪
　　　　　杨宝玉　　徐　刚　　聂保平　　郭京宁
统　　筹　王铁英

新编历史小丛书

保密史话

熊剑平

著

北京出版集团
文津出版社

目 录

引　言

　　自先秦时期开始，我国先贤就对信息安全尤其是军事信息安全给予了高度重视，并在方法和制度层面进行了探讨。虽说其时并未明确地提出"保密"这一词语，并且也未对这一概念进行明确界定，但是从有关论著中可以考察当时有关信息安全防护等工作实际情况，以及与之有关的方法探讨和理论总结等。我们可以从中不难看出古人其实已经早就对信息安全和保密工作有着非常深入的探讨，不少内容其实与我们今天所讨论的保密工作在本质上具有一定的相通之处。

　　在漫长的中国古代社会，经常会出现"分久必合，合久必分"的现象，但是无论在大一统帝国时期，还是在分裂动荡的乱世，统治者其实都需要做好信息安全和保密工作。在列国分治的时代背景之下，政治、军事和经济斗争尤其激烈，有关信息安全的各种要求也会随之而有相应的提高。举例来说，春秋战国时期，诸子关于保密工作的讨论就非常深刻。当时，儒家、法家、墨家、兵家等，都曾围绕信息安全进行较为深入的探讨。他们在重点关注政治信息和军事信息的安全管理之外，也会同时关注经济信息和社会信息等，并且在理念和方法等层面都留下精彩论述。

在建立大一统的帝国之后，有关政治信息和军事信息等安全保密工作，同样是统治者高度关注的论题。无论是在秦汉时期，还是在唐宋时期，乃至封建专制统治不断得到强化的明清时期，保密工作始终为执政者所高度重视，而且保密工作一直在不断得到加强。封建统治者往往在确保军事信息能够做到安全传递的同时，格外重视和突出强调防奸和反谍工作，并且在具体的防范方法上有较多探讨，也在管理制度方面有跟进和设计。尤其是在明清时期，伴随着封建专制统治的不断升级，诸如厂卫这种组织体系严密的管理机构得以先后设立，统治者对内管控力度也在不断加强，因此也会更为重视各类信息的保密工作。清代围绕军机处运转所设计的密折制度，也突出强调了对政治信息和军事信息等安全保密，并且确实也起到了一定的成效。

第一章 先秦时期：保密工作渐受重视和保密理论的初建

我国历史非常悠久，商周时期已经留有相对完整的文献记录，从中可以窥探当时保密工作的大致情形。随着礼崩乐坏的逐步加剧，春秋战国时期迎来了情报工作的快速发展期，保密工作也水涨船高地随之获得快速发展。随着军政斗争的加剧，诸侯争霸战争的不断发展变化，这一时期逐渐形成较为系统的保密理论。当时的人们已经充分认识到保密的重要性，不少重要典籍对此都有强调。不仅如此，当时的先贤还会基于保密工作方法进行深入总结，在制度建设方面进行了富有建设性的探索。

（一）重要典籍对于保密工作的强调

先秦时期，人们对于信息安全工作的重要性

已经有了充分认识，而且也随着军政斗争的不断升级，加强保密工作也逐渐成为更多人的共识，也就是说，在保密观念上不断地得到了强化和提升。当时的人们，对于保密工作的成功经验和失败教训等，也有着较多的总结和探讨，并提出了足以发人深省的主张。以《周易》为代表的典籍，对于信息管理的种类尚未进行详细的划分，《孙子兵法》等典籍则已非常明确地强调了军事信息的保密，《韩非子》等典籍则更突出强调了政治类信息的保密管理。

在许多人眼中，《周易》是一部"无所不包"的经典，其中对上古时期的军政斗争等情况也有所折射，当然也会必然地涉及保密工作。从《周易》的卦爻辞可以看出，作者多次强调了加强预警和信息安全的重要性。比如《离卦》初九爻辞中说："履错然，敬之无咎。"这里的"敬"，意思是警戒或警惕。意思是说，如果发现有错杂的脚步声传来，这其实是预示着敌人即将对我袭击，这时候应做好防备和预警。要想确保安全无虞，就必须要保持这种警惕意识，这其中也透露出当时重视并加强重要信息安全管理的情形。在《解卦》中，也有类似强调，而且更加鲜明地强调了保密。该卦六三爻辞说："负且乘，致寇至。"意思是说，一个人如果背着东西乘车并始终不肯把东西放下来，这等于告诉别人自己所携带的为珍贵物品，这种过度的谨慎态度，势必会招致盗寇前来劫夺，原因就在于泄情，而且是无意之中的泄情。因为保密工作没能做好，因此会造成己方的损失。《小象传》由此而进一步发挥，作者指出："负且乘，亦可丑也。自我致戎，又谁咎也。"外出时持有珍贵物品，却因为自己的不当行为，没有做好保密工作，结果便引来盗贼的劫夺，这属于咎由自取，怪不得别人。《节卦》同样提及保密的重要性。该卦初九爻辞说："不出户庭，无咎。"这里的"不出户庭"不仅是强调节制，但也强调了"慎言语、守机密"的重要性，不少学者持此观点。用今天的话说，如果能将重要信息控制好或管理好，就可以确保己方人员的安全无恙。《系辞传》中则借孔子之口进一步强调了做好信息安全和保密工作的重要性，作者指出："乱之所生也，则言语以为阶。"也就是说，各种危险和乱象的根源，往往就在于与人交谈的言语中未能注意保密，没有做好足够严密的信息安全工作，由此而会带来各种不必要的损失。不仅如此，作者还围绕保密工作展开了更为深入的申论，指出信息安全工作不仅事关安危，而且具有普遍性意义。也就是说，各行各业都需要注意做好安全保密工作，君臣之间的交往，各类人员的交往过程中，都需要注意做好保密工作。尤其是国君，更应该高度注意保护重要信息的安全，在与各种人群的交谈中，不会发生泄密事故。

在战争频仍的时代，破坏敌方的情报活动、隐藏己方的行动计划，是通行的做法。如果行动计划不幸被敌方获悉，后果将不堪设想。著名军事家孙子重视情报工作，同样也重视做好保密。孙子认为，无论是进攻还是防守，都需要高度重视做好保密工作。《孙子兵法·形篇》中说："善守者，藏于九地之下；善攻者，动于九天之上。"由于战争的敌对方始终会采取各种方式刺探情报，因此在制订作战计划时，包括作战行动展开之后，都要加强信息管制，把己方的作战意图很好地隐藏起来。孙子在这里所说的隐藏，其实正是对军事信息的管理，就是对保密工作的强调。"九地之下"和"九天之上"，都是将信息管理工作做到了极致，保密和管控手段非常高明，仿佛隐藏在很深的地下，或是在很高的云端，对手无从窥探丝毫的痕迹。孙子强调，只有做好了这些安全保密措施，才能实现"自保而全胜"（《孙子兵法·形篇》）的目标。

孙子对于军事信息安全的重视态度，受到很多人的认同，他有关保密工作的设想和要求等，都得到战国军事家们的继承。《管子》是战国时期管仲学派的作品集，其中也有不少齐地军事家的论兵之作。他们同样强调了加强信息管理的重要性，《管子·制分》指出："兵不呼傲……呼傲则敌人戒。"这里的"呼傲"，其实就是泄密行为。作者之所以强调"兵不呼傲"，明显是出于对己方重要信息的安全防护，其目的则是使得敌方"不知"，就是强调保密。围绕"不知"，《管子·幼官》中还进一步强调指出："经不知，故莫之能围；发不意，故莫之能应。"这里其实也是指出了信息安全工作所能达成的效果，那就是能够使得对手无从判断行踪，打击对手时，对方无法应对。与之形成鲜明对比的则是泄密的危害，作者同时指出了泄密的危害，而且可谓非常巨大，即"谋不可以泄，谋泄蓄极"（《管子·宙合》）。这里的"蓄"，相当于

"灾"，意思是说，密谋的作战计划一定不能泄露，一旦不慎泄露，就会酿成极大的灾难。

《尉缭子》也是战国时期诞生的重要兵书，作者同样高度重视保密。《尉缭子·原官》指出"游说间谍无自入"，此语集中体现了重视保密的思想主张，并点出了目标追求：令对方的间谍无法施展工作，无法潜伏。《尉缭子》同时还认为，隐藏好己方的作战力量与作战意图，也可以实现掩盖弱点的目的，从而避开对手的犀利进攻。《尉缭子·十二陵》指出："攻在于意表，守在于外饰。"进攻要出人意料，防守则善于隐藏，要想做到这一点，作者强调军队上下始终需要做到慎重言语，一定不能从自己的口中泄密，亦即"其言无谨，偷矣"（《尉缭子·战权》）。一旦发生泄密，不仅会影响战争胜负，也必定会给己方带来生存危机，为此作者认为，治军的关键就在于要做好保密，《尉缭子·兵谈》中指出："治兵者，若秘于地，若邃于天，生于无，故关之。"在作者看来，治军固然存在诸多微妙之处，保密才是重中之重。只有做好安全保密工作，才能拥有立威于天下的基础。

成书于战国末期的著名兵书《六韬》，同

样高度强调保护军事机密的重要性。《武韬·发启》指出："故道在不可见，事在不可闻，胜在不可知。"应该看到，"道"在先秦时期是个非常重要的概念。儒家、墨家、法家、兵家等都提及"道"，老子最早从哲理层面探讨"道"，而且具有无形、无象等特征。《易传》中也指出："形而上者谓之道，形而下者谓之器"，也给予"道"很高的地位，而且也具有"无形无象"的特征。在《六韬》作者看来，这种地位崇高的"道"，"不可见"是其主要特征。办成事情，打赢战争，也需要做到不可闻和不可知，这就需要把保密放在首位。《六韬》将保密视为"先胜"的关键，指出："事莫大于必克，用莫大于玄默，动莫神于不意，谋莫善于不识。"（《龙韬·军势》）这里的"玄默"，是指缄默不语和保守秘密。战争开始之前，一定不能暴露己方作战意图，高度注意做好保密工作。《六韬》认为，战争取胜的关键就在于"阴其谋，密其机"，确保作战行动寂若无声，令敌人"不知我所备"。《文韬·兵道》中强调："阴其谋，密其机，高其垒，伏其锐。士寂若无声，敌不知我所备，欲其西，袭其东。"只有这样，才能施展声东击西之类的战术，才能在战争中更有把握击败对手。

深入探讨"捭阖"之术的《鬼谷子》，被视为纵横家一派的理论主张。该书主张通过言语交谈和表情揣摩等方法刺探敌情，同时也就情报信息的安全管理提出了"贵周"和"贵密"的主张。《鬼谷子·捭阖》指出："欲捭之贵周，即欲阖之贵密。周密之贵微，而与道相追。"在作者看来，做好保密的"贵密"，是一切谋划的基础，这就是"谋必欲周密"（《鬼谷子·摩篇》）的道理。所谓揣摩之术，完全是与对手之间展开的较量，确保信息安全本身存在着一定的困难——"谋莫难于周密"（《鬼谷子·摩篇》），但还是必须要努力做到。要想在与对手的较量中胜出，就必须做好保密工作。包括施政策略等，都必须首先做好安全保密，确保不被对手知悉。在作者看来，不仅是"先王之道贵于阴"（《鬼谷子·谋篇》），而且"圣人之道，在隐与匿"（《鬼谷子·谋篇》），因此同样需要严守机密，不被对手识破。

《韩非子》是一部法家集大成著作，同样也将信息安全与国家兴亡紧密联系在一起。在《亡征》中，韩非子从政治、经济、军事等多个角度，深入分析和总结了可能导致国家灭亡的种种征兆，共计四十八条。韩非子最为担忧的是既有政治秩序的破坏，泄密也是其中一种。他首先指出君臣不能做好保密所带来的巨大危险："浅薄而易见，漏泄而无藏，不能周密，而通群臣之语者，可亡也。"一旦君主不知轻重，随意泄露机密，办事无法做好信息安全工作，甚至将大臣的建议互相透露，就必然导致政治秩序的混乱，国家也会就此陷入危险境地。接下来，韩非子还表示出对间谍的担忧："羁旅侨士，重帑在外，上间谋计，下与民事者，可亡也。"游士的大量钱财藏于国外，通过各种手段刺探国家机密，还设法干预民众生活秩序，这同样是一种非常危险的行为。虽说出现种种亡征并不代表国家必然地走向灭亡，但至少已经出现了前期征兆。在总结可能导致国家灭亡的多种征兆之后，韩非子指出："亡王之机，必其治乱，其强弱相踦者也。"也就是说，管理秩序的正常与否，不仅关系到国家的强弱，也直接影响到国家的兴亡。做好保密，正是这多种秩序的重要一种，理所当然地需要引起重视。为了确保信息保密的重要性，韩非子继续进行申论，认为这其中的道理正像是"木之折也必通蠹，墙之坏也必通隙"。在韩非子看来，泄密事件的发生是保密工作出现了问题，一旦这一重要防线都出现问题，就必定会有种种危机的出现。

总体而言，无论是兵家还是法家，抑或是纵横家，都对信息的安全管理给予了高度重视，其中所涉及的，既有施政信息，也有军事情报，事关国家安全的各个方面。不仅如此，人们对于保密的难度也有充分认识。如前所述，《鬼谷子》就认为信息的安全管理并非易事，所谓"谋莫难于周密"，这层道理就像这"事莫难于必成"一样。与此同时，《鬼谷子·抵巇》进一步指出："物有自然，事有合离；有近而不可见，有远而可知。近而不可见者，不察其辞也；远而可知者，反往以验来也。"在这里，作者将认识事物与距离远近划清界限，并由此而分析了其对保密工作的影响。距离很近，却难以看清，是由于过于熟悉而就此失察；距离很远，却能非常清楚，这是因为进行了认真观察，真正掌握了其中规律。这一点就保密而言，非常辩证而且唯物，也具有一定的启示意义。就保密而言，尤其需要注意身边人。一旦失察，就很容易酿成泄密事件发生，导致所谓"灯下黑"的情况发生。

就这一点来说，《管子》也提出过与之非常相似的观点。《管子·君臣下》指出："古者有二言：'墙有耳，伏寇在侧。'墙有耳者，微谋外泄之谓也；伏寇在侧者，沈疑得民之道也。"这里所说的"墙有耳"和"伏寇在侧"，都是指信息不慎从身边泄露。作者据此进一步指出："微谋之泄也，狡妇袭主之请"，认为泄密事件的发生，往往就是主人身边的"狡妇"所致，因此保密固然关乎每个人，但尤其要注意管好身边人和关键人。不仅如此，《管子》还指出情报工作和保密之间的对抗性质，也点出其中存在着道高一尺魔高一丈的竞争规则。《管子·势》中指出："善周者，明不能见也；善明者，周不能蔽也……大明胜大周，则民无大周也；大周胜大明，则民无大明也。"在《管子》看来，能否更好地做好保密工作，往往取决于敌我双方攻防力量的对比。这主要就是窃取与防护之间的力量对抗，双方互相颉颃的角力过程也存在着"大明"和"大周"的辩证关系。

（二）在方法上的探索与总结

先秦时期，人们对于保密的工作方法也进行了总结和探索。兵家中，数《孙子兵法》和《六韬》最为突出，墨家和法家等，也不乏独到见解。在这其中，尤其以谋略之书的代表《孙子兵法》更为突出。

成书于春秋末期的《孙子兵法》，早已成为具有世界影响力的兵学名著。在深入探讨战争方法的同时，书中也积极研究情报工作，如情报收集和情报分析等，并对如何做好保密工作有着独到见解。孙子不仅重视情报收集阶段的保密，强调有关保密的法纪，而且高度重视战争决策阶段的保密工作，并对战术行动展开阶段的保密工作有着很高要求和巧妙设计。保密被孙子视为军事理论的有机组成部分，要求保密工作应贯穿军事行动的终始，将帅必须给予足够重视。

情报收集阶段要注意做好保密。在孙子所处的时代，收集情报主要依靠人力情报工作，大量通过间谍而展开。孙子认为，通过间谍收集情报，可以确保将帅实现"先知"，并且尽量降低战争损失。因此，《孙子兵法·用间篇》中说："故明君贤将，所以动而胜人，成功出于众者，先知也。""先知"固然重要，保密工作同样重要。孙子指出，如果间谍行动在尚未开展之前，已经出现泄密事件，就必须采取果断措施进行及时补救，而且这种措施非常严厉：将所有泄密人员都定为死罪，必须立即处死。孙子指出："间事未发而先闻者，间与所告者皆死。"（《孙子兵法·用间篇》）这句话非常冷酷，"皆死"二字尤然，亮出了治军执法的态度，对泄密行为绝不姑息而且严厉惩治。

值得注意的是，孙子不仅是要斩杀泄密的间谍，而且是要将所有知晓行动秘密的人员全部处死。这种大范围惩处措施，其实也是出于保密工作的需要。哪怕有一分泄密的可能，都必须及时加以杜绝。宋代学者梅尧臣在注释这段话时，对这一层道理曾有揭示："杀间者，恶其泄；杀告者，灭其言。"（《十一家注孙子·用间篇》）在孙子看来，只有采取如此严厉的惩处措施，才能力挽狂澜，防止更大损失的出现。通过牺牲局部利益来最大限度地保护全局利益，与此同时也能对全体将士和全体间谍起到一定的警示作用。

以保密要求衡量，所有的间谍行动都应尽量缩小知密范围，并有相应的补救措施。

孙子不仅强调情报收集阶段应注意做好保密工作，同时还主张通过严惩泄密人员来降低损失，他的这一惩罚措施得到了很多人的认同。制定必要而且合理的惩处措施，是保证各项保密措施真正得到落实的基础。唐代学者陈皞充分肯定这种"俱杀以灭口"（《十一家注孙子·用间篇》）的严厉手段，认为可对保密工作有所促进。何氏则从"兵谋大事，泄者当诛"（《十一家注孙子·用间篇》）的角度出发，进一步强调这一惩罚行为的合法性。今天，我们对于保密工作也有"有密必保、保密必慎、泄密必究"等要求，同样高度重视惩处和警示手段。对于保守军事秘密，古今中外的态度非常一致，对于泄密人员必须采取"零容忍"态度，通过有罪必究来及时杜绝泄密事件的发生。

战争决策阶段也要做好保密。《孙子兵法·计篇》总结了"庙算"的战争决策思想。这种"庙算"依靠准确的情报工作而展开，甚至也较为完整地展现了战略情报分析流程。如果与《九地篇》联系在一起，我们就可以看出孙子

"厉于廊庙之上"的主张，同样重视战争决策期间的保密工作。《九地篇》主要是探讨战略奔袭的实施方法，集中研究深入对方腹地的奔袭战法。孙子借此机会也对保密工作提出了非常明确的要求，强调决战发起之前要做到"夷关折符，无通其使；厉于廊庙之上，以诛其事"（《孙子兵法·九地篇》）。这里所说的"厉于廊庙之上"，是指在庙堂之上进行推敲和商议，通过计算双方算筹的多少来决定战争如何发起，研究制定军事行动具体展开步骤等。"夷关折符"则是指封锁重要关口，及时地废除那些已经颁发的各类通行凭证。"无通其使"则是指中断与敌方使节的来往。张预说："使不通者，恐泄我事也。"（《十一家注孙子·九地篇》）很显然，上述这段话对战争行动和战争决策的保密工作有着非常明确而又具体的要求。封锁重要关口，销毁通行符证，与敌使断绝往来，等等，都是出于保密需要，是战争行动展开的基本要求。一旦军机泄露，就会导致战争主动权易手，甚至是全军溃败。

孙子还指出，制订战争计划也应首先注意保密工作要求，不仅是进攻战术展开需要注意，在布置防守战术时同样也需强调。当部队进入防守状态时，对手必定会采取各种手段窥探军情，做好保密工作尤为重要。孙子指出，真正懂得防守战术的将领，需要首先把己方队伍情况很好地隐藏起来，而且藏得很深，对手无法发现。孙子指出，这种保密之术如同隐藏于很深的地层之下，"善守者，藏于九地之下"（《孙子兵法·形篇》）。孙子还指出，只有己方做好了足够有效的保密措施，才能实现"自保而全胜"（《孙子兵法·形篇》），制定的作战目标才有实现的可能。己方作战意图和防线部署等，都是至为重要的军事机密，一定不能轻易泄露出去。

在军事行动展开前后，孙子更是强调严控知密范围，甚至不惜采用"愚兵"之术。在《九地篇》中，孙子指出："能愚士卒之耳目，使之无知；易其事，革其谋，使人无识；易其居，迂其途，使人不得虑。"身为将帅必须要学会如何蒙蔽手下士卒，所谓"愚士卒之耳目"，不能让他们更多知晓军事机密。不仅如此，还要善于变更作战计划，始终让人摸不着头脑。指挥作战则力求"焚舟破釜，若驱群羊，驱而往，驱而来，莫知所之"。为了做好保密工作，指挥员需要学会随时改换驻地，并且通过迂回行军和变换路线等，令对手始终无法准确揣测我方的作战意图。率领部队深入敌国境内，就像驱赶羊群那样，队伍的来去是在自己手中掌握，至于各级士卒则是只需听从指挥，始终不知道自己究竟会被派到何处。这一层道理其实就是"犯之以事，勿告以言；犯之以利，勿告以害"（《孙子兵法·九地篇》）。这里的"犯之以利，勿告以害"，竹简本写作"犯之以害，勿告以利"，也就是说，将帅对于士卒始终要选择性地告知，或告之以"利"，或告之以"害"，绝不将真情相告。为了打赢战争，必须要搞好保密工作，只需驱使手下士卒踊跃参战即可，无须详细说明己方作战意图或行军路线等。

孙子主张施行愚兵之术，其目的在于使得士卒"无识"，非常有利于部队上上下下做好保密工作，只有全军上下都严格保守军事机密，士卒也不会有意无意地泄露军情，战争才有获胜保证。军事行动关系到国家和军队的生死存亡，己方的作战意图和兵力部署以及作战计划等，都必须严格进行管控。因此，即便是面对己方将士，也要严格要求其保守军事机密，尤其需要注意控制知密范围。孙子推行这种手段，有点类似现代军事秘密的分级管理。对于"知情权"的控制，是保密工作的基本要求，也是保密制度建设的重要内容。今天的人们习惯按照秘密、机密、绝密等各种等级分别划定知悉范围，孙子的愚兵之术显然也是控制"知情权"的一种探索，体现的思路也有相似性。

孙子的愚兵之术和"攻其无备，出其不意"（《孙子兵法·计篇》）的战法完全一致。因为达成突然袭击的需要，必须高度重视保密工作。唐代李筌说"不欲令士卒知之"，王皙则说"情泄则谋乖"，张预也指出"前所行之事，旧所发之谋，皆变易之，使人不可知也"。（均见《十一家注孙子·九地篇》）这些都是在强调保密工作，对愚兵之术给予了较为正面的评价。我军著名将领郭化若的总结更加通俗易懂："这种保密工作古今中外都一样，决不能作欺骗士兵解释。"（郭化若：《孙子译注》，上海古籍出版社，1984年版，第193页）由此可知，愚兵之术在现代军事行动中，仍然具有实际运用价值。

孙子认为，通过反间的实施也可以做好保密。用间和反间，是《孙子兵法·用间篇》的主题。在中国古代，孙子非常早地认识到间谍的作用，第一次较为系统地构建了一整套的谍报理论。孙子不只是探讨如何使用间谍，同时也对如何防范间谍进行深入研究。用间与反间，就像矛与盾一样，一攻一守。想做好反间，首先就需要了解一下对手是怎么窃取情报。懂得用间之术，保密工作和反间才能有的放矢。俗话说，敌中有我，我中有敌。敌我双方互派间谍，是战争中的常态。间谍既然非常有用，就必然会是你用我用大家用。既然如此，要想确保己方处于不败之地，就必须要做好针对性的防范措施，所谓"防火防盗防间谍"。孙子所总结的五种间谍，其实也可以进一步简化分为两种：一种是对外派出的间谍，也就是乡间、内间、死间和生间；另外一种就是针对敌方间谍采取的针对性措施，这就是反间。

那么，什么叫反间呢？孙子给出的定义是："反间者，因其敌间而用之。"也就是说，针对敌方的间谍做文章，能够将敌方间谍巧妙地加以利用。明明知道对面来的是敌对方派出的间谍，却要保持稳如泰山，不动声色，巧妙地进行周旋，想办法对其进行拉拢或策反，目的是对方间谍能够为我所用。这是最高明的使用间谍之法。在孙子眼中，使用间谍是投入较少而又回报较多的举措。战争是一个高成本行为，使用间谍则是降低战争成本的有效举措。孙子说："凡兴师十万，出征千里，百姓之费，公家之奉，日费千金，内外骚动，怠于道路，不得操事者，七十万家，相守数年，以争一日之胜，而爱爵禄百金，不知敌之情者，不仁之至也，非人之将也，非主之佐也，非胜之主也。"在耗费如此巨大的情况下，如果吝惜爵禄和金钱，不舍得重用间谍，以至于因为无法掌握敌情而导致失败，那就是不仁到了极点。这种人一定不配担任三军的统帅，配不上是国家的辅佐，更不会是胜利的主宰者。如果说使用间谍是花小钱办大事，那么使用反间更是如此。

《孙子兵法·用间篇》中说："反间可得而用也。因是而知之，故乡间、内间可得而使也；因是而知之，故死间为诳事，可使告敌；因是而知之，故生间可使如期。五间之事，主必知之。知之必在于反间，故反间不可不厚也。"孙子认为，通过反间，可以找出其他的间谍。反间为我所用之后，就可以通过反间来进一步了解敌情。

这样一来，乡间、内间也就可以发现并利用起来。既然可以通过反间来了解敌情，死间也可以传递假情报给敌人。不仅如此，生间也可以按照预定的时间返回报告敌情了。所以说，固然五种间谍的运用方法，国君都必须了解和掌握，但是这其中的关键，就在于反间的使用。所以说，对于反间，不能不给予优厚待遇。孙子说"赏莫厚于间"，是强调给间谍更好的待遇，又说"反间不可不厚"，是为了给反间更好的待遇。搜索反间，不仅可以保护己方的机密情报，还可以通过反间来进一步了解敌情，而且可以顺藤摸瓜，顺带把对方间谍，像乡间、内间、生间、死间等都找到。所以说，反间非常重要。抓住反间，就等于是抓住了对方的各类外派间谍，也能够有效地降低战争成本。这是低成本，高回报。其他四类间谍，无法与反间相提并论。

孙子认为，使用间谍，尤其是重用反间，是降低战争成本，保护己方信息安全的重要方法。无论是对保护军事机密，还是刺探对手情报来说，都很重要。在强调反间的重要性方面，对于反间的具体实施，孙子也有具体的总结。孙子说："必索敌人之间来间我者，因而利之，导而舍之，故反间可得而用也。"这段话不是很长，但非常重要。"反间"究竟该如何实施，这段话已经进行了较为明晰的阐释。具体地说，共包含这样四个步骤：首先是"索之"，其次是"利之"，再次是"导之"，最后是"舍之"。这四个步骤，环环相扣，缺一不可。

第一步是"索之"，"索敌人之间"，其实就是发现和抓捕对方间谍。这个工作必须要非常细致，必须要把对方的间谍找到才行。间谍都非常善于隐藏，对间谍进行摸排，一定要有坚强的组织领导，一定要能组织起来非常严密而且非常细致的摸排工作，才能真正地找到对方深深潜伏的间谍。"索之"是实施反间的基本前提，通常都要悄悄地进行，不能打草惊蛇，更不能让对方的间谍知道。找到间谍之后，第二步就需要"因而利之"，对敌方间谍进行实质意义上的策反，尤其需要注意给予必要的物质刺激，给予敌方间谍足够的奖励。唐代的杜牧说，"敌间之来，必诱以厚利"，就是这层意思。孙子主张厚待间谍，尤其是厚待反间。只有通过重金诱惑，才能使得敌间发生信念上的动摇，转而为我所用。接下来的第三步就是"导之"。有时候仅仅依靠物质和利益并不能打动敌方的间谍，那就需要从精神上展开更多的工作，从心理层面展开更为强大的攻势，包括使用仁义道德等来说服敌间，促使其转换门庭。第四步是"舍之"，就是在赋予敌方间谍全新使命之后，要找个合适的时间和机会予以释放。然后就静等他去收集敌情。间谍在经过新的培训之后，如同我方所派出的间谍，会担负起重任。这里的"舍"，意思应该是释放或放行，而不是住宿。

围绕反间的运用，孙子提出了四个步骤。这四个步骤都非常重要，但第三个步骤，亦即"导之"，堪称重中之重。关于"反间"的实施方法，在历史上一直有着不同的意见。唐代李筌说："敌有间来窥我得失，我厚赂之，而令反为我间也。"所谓"厚赂之"，就是舍得花钱去收买人家。这也是孙子"因而利之"的方法。唐代另外一位注家杜牧则说："敌有间来窥我，我必先知之，或厚赂诱之，反为我用；或佯为不觉，示以伪情而纵之，则敌人之间反为我用也。"很显然，在"厚赂"之外，杜牧又多了一个"佯为不觉，示以伪情而纵之"的方法。这种"佯为不觉"的方法，明显地得到了更多人的认可。比如，宋代学者梅尧臣说："或以伪事绐之，或以厚利啖之。""伪事绐之"就是说要用假象欺骗对方。更多人都是这么理解的，强调并重视"伪事"或"伪形"的作用。"示以伪情"的这种方法，很有实用价值。这种方法，其中所谓的"导"，其实是没有引导。没有引导，在特定情况下往往就是最高明的引导，令对方的间谍毫无察觉，令对方的统帅部也毫无察觉。

孙子的反间理论，虽说写成于两千多年的春秋晚期，但他所设计的基本模式，在现代情报战中仍然可以适用。现代间谍战中，关于反间的基本运作模式，仍然很难逃出孙子的藩篱。反间谍在技术层面必然会有所发展，但在方法层面，孙子的总结仍有一定的适用性。孙子重视反间，是为了收集和掌握敌情，同时也是为了保护己方的信息安全，最根本目标是努力地降低战争成本。就这一点来说，无论时代如何变化，科技如何发展，目标和方法等都不会发生改变。孙子所设计的这些有关反间的运用手法，仍然值得我们重视。

孙子还主张以欺骗护机密。为此，《孙子兵法》中强调"能而示之不能"，设计了极具谋略色彩的"形人之术",力争达成"形人而我无形"的效果。在孙子看来,通过"形人之术"的实施,不仅可以获得交战对手的真实情报,而且可以很好地保护好己方的军事机密,亦即"无形"。强调"兵者诡道"(《孙子兵法·计篇》)的孙武,认为战争全程都充满着智力对抗,战争双方不仅需要比实力,同时也需要比智力,而非比蛮力。为夺取胜利,双方会在各个层面展开争斗,大量运用谋略之术。就做好军事信息的保密工作而言,其中同样体现出谋略的对抗。为了防止敌对方窃取情报或展开各种渗透行为,必须积极研究制定各种反制措施,使用高明的手段,设法迷惑和麻痹对手。一旦对手出现错误判断,己方的真实作战计划不被泄露,那就能够有更大机会战胜对方。

孙子在《计篇》中已经对此进行揭示:"能而示之不能,用而示之不用,近而示之远,远而示之近,利而诱之,乱而取之,实而备之,强而避之,怒而挠之,卑而骄之,佚而劳之,亲而离之。攻其无备,出其不意。"这些内容,一般可统称"诡道之法",人们大多视为战争谋略,是为了达成出奇制胜。其实,孙子在这里揭示的是全方位和多层次的欺骗手段。这些内容也是设法保护己方的真实作战意图和作战计划，也可视为保护军事信息的基本方法。在两军对抗的过程中，要想占据主动权，就必须不断地制造和释放假情报，使得对方真假莫辨，慢慢地陷入己方精心设计的陷阱之中。因此，"诡道之法"的实施，其中起主要作用的是情报欺骗，是"能而示之不能"，是将己方的真实能力和真实作战计划很好地隐藏。包括"近而示之远"，也是强调将己方真实的进兵路线和决战地点等完全隐藏起来。很显然，这种保密工作，需要谋略手段，展示的是智力对抗。依靠情报谋略的出色运用，己方的战争计划和作战意图等都能很好地藏住，才能最大限度地欺骗对手。

在孙子看来，要想保护好军事机密，还需要主动作为，尤其需要主动运用以欺骗为中心内容的"形人之术"。《孙子兵法》在讨论很多内容时，往往都非常注意做好前后呼应。就欺骗术而言，孙子的"形人之术"便是第一篇《计篇》中"能而示之不能"的呼应。孙子在《势篇》中说："善动敌者，形之，敌必从之。"这里的"形之"，就是强调做好伪装和欺骗，很好地隐蔽真相，大量地制造假象，使得敌人中计上当。

在《虚实篇》中，孙子对这种保护战术机密的谋略之术讨论得更加充分。"形人而我无形"，便在这一篇提出。"致人而不致于人"是《虚实篇》的重要主题，这是强调夺取战争主动权。这种主动权的获得，需要通过大量实施情报谋略，亦即"形人之术"来实现。孙子还有一个目标，那就是"形人而我无形"。这句话可以包括两方面内容：一方面是把对方的情报弄到手，这是"形人"；另一方面则是将己方的保密工作做好，这就是"我无形"。也就是说，一面通过多种手法来探知敌方虚实，一面则是巧妙隐藏己方的作战意图，令对手无从探清虚实。这种"形人而我无形"，既是就敌情侦察提出了总原则，同时也可视为是对保密工作指出了总目标。孙子在这里提出了"无形"这个词，不只是"形人之术"的目标追求，同时也可视为是对保密工作设定的最高目标，意思就是最大限度地保护己方的军事机密。这种"无形"，是"形人"的结果，需要充分地调动兵力，积极地施展谋略之术，把己方的真实作战意图隐藏起来。这就是由"示形"而"动敌"的逻辑，在保护军事机密的过程中也要主动地有所作为，才能在战争中获得主动权。

在《虚实篇》中，孙子进一步指出："形兵之极，至于无形。无形，则深间不能窥，智者不能谋。因形而措胜于众，众不能知；人皆知我所以胜之形，而莫知吾所以制胜之形。"从中可以更加明显地看出，孙子所说的"形人"或"形兵"，也将目标直指"无形"，要求能够蒙蔽那些深深潜伏己方大营的间谍，瞒过那些老谋深算的敌人。如果能够成功地把己方的作战意图和行军轨迹隐藏起来，即便对手是"智者"，仍然无机可乘。只有主动作为，做好保密工作，才能巧妙地完成战术机动，成功地调动对手，最终实现"应形于无穷"的目标，我方则可以就此立于不败之地。孙子对"形人之术"的境界追求是：在做到"形人"的同时，保持自己的"无形"。需要看到的是，在这段话中，"形"字曾多次出现，显然是一个关键字眼。"形兵"的最高境界是"无形"，显然是针对保守军事机密而言。这些论述，按照今天的标准来看，其实就是孙子的反情报思想。但是"因形而措胜"一句则已经不再停留在情报层面了，而是就战术机动而言。高明的指挥员就必须要善于根据战场形势灵活处置，善于变化。只有这样，才可以做到"应形于无穷"，让对方无机可乘，己方则可以保持不败之地。

孙子设计的"形人之术"，是以欺骗谋略作为核心，与其"诡道"思想保持一致。如果能够成功实施，就能很好地保护己方的作战计划和进攻方向等。由"示形"到"动敌"，可以更好地保护己方的军事机密，而且还能找到更好的战机，更为顺利地击败对手。"形人"的欺骗术，蕴含着积极主动的思想，对于特殊情况下的保密工作也有一定的作用。多做一些假目标，扰乱对手的视线，让他们摸不清虚实，则更有利于保护重要军事机密，让对手扑错方向并无计可施。

到了战国时期，就保密而言，"重言"和"慎言"的主张得到延续和强化。比如《吕氏春秋》从一个新的角度出发，提出了保密的新方法或新要求。作者以东郭牙窃密事件为例，对此进行说明。当时，齐桓公和管仲密谋攻打莒国，没想到消息却泄露。经过调查，发现是从宫中仆役东郭牙这里传出。进一步的调查发现，东郭牙只是凭着肉眼远远"看出"他们的密谋内容，从他们的满脸怒容判断是要打仗，从齐桓公的嘴形和手势判断是"莒"，他将自己的分析结果说了出去，就此造成泄密。围绕这起泄密事件，《吕氏春秋·审应览·重言》总结道："凡耳之闻，以声也。今不闻其声，而以其容与臂，是东郭牙不以耳听而闻也。桓公、管仲虽善匿，弗能隐矣。故圣人听于无声，视于无形。"这里的"听于无声，视于无形"无疑是就保密工作提出了新要求，也指明了新方法和新方向。既然可以依靠"唇语判读"获取军事秘密，那就需要对形体语言和工作环境等方面进行更加严密的防护。

《吕氏春秋》记载了另外一件事，证明重视将左右、身边人作为保密工作重点注意对象的合理性。这个故事说的还是齐国，还是和齐桓公有关。春秋早期是齐国的天下，齐桓公说话比周天子都好使。这一次，齐桓公邀集诸侯开盟会，卫国迟到了，在齐桓公看来，这就是不给他面子，所以非常不高兴。事后，齐桓公便在朝廷上和管仲商量着攻打卫国，教训教训它。等到商议好了，齐桓公宣布退朝进入后宫时，夫人卫姬望了望他，便连忙跪了下来，替卫国请罪。齐桓公说："这无缘无故的，你请什么罪啊？"卫姬赶紧回答说："您进来的时候，带着很大的怒气，步子迈得也很大，说明是有对外用兵之心。当您看见我的时候，脸色突然一动，我猜测这次要攻打的，是我的娘家卫国。"齐桓公一听到这番话就愣住了。这夫人卫姬真是明察秋毫，这样的求情方式还没见过，很奇特，也只能默然。枕边风一吹，这次战争计划，齐桓公已经有心搁置起来。

故事到这里还没结束。第二天，当齐桓公上朝见到管仲时，向他客气地拜了一拜，管仲随即便问："您已经放弃了攻打卫国的主张吗？"齐桓公吓了一跳，连忙问："你怎么知道的？"管仲解释说："作为国君，您刚才对臣子的态度太恭敬了，说话语气也很舒缓，见了微臣，面有惭色，我就是靠这个判断分析，知道您改变了主张。"齐桓公这一路都是要竭力掩盖自己的意图，但是效果很不理想。他虽然没说话，但是管仲却凭着他所看到的容貌和听到的声音，夫人靠着观看他走路的样子也察觉到了。这太恐怖了。一方面是因为管仲和夫人厉害，善于察言观色；另一方面，也是因为他们都是齐桓公的身边人，太了解齐桓公，能够很清楚地根据齐桓公一言一行来揣摩齐桓公的内心世界。对此，《吕氏春秋·审应览·精谕》总结道："桓公虽不言，若暗夜而烛燎也。"意思是说，齐桓公虽然不说一句话，但他的意图就像黑夜里点着烛火一样，别人都看得非常清楚。当然，也不是说谁都能看出来。而必须是管仲和卫姬这样的人，非常了解他的亲信才能做到。齐桓公想攻打卫国的计划被夫人卫姬提前获悉，卫姬从齐桓公的"肢体语言"准确地嗅出了战争的气味。经过卫姬求情，齐桓公放弃战争计划，管仲同样也是依靠"以言观意"进行了准确解读。虽说事件的真假难以辨别，但从中足以看出战国时期已对保密工作注入了新内容和新方法。

墨子学派一直以防守见长，对于保密也提出了独到的办法。战国时期，烽火传递军情已经发展较为成熟，墨子则看出其中存在的安全隐患，因此要求区分"寇烽、惊烽、乱烽"等不同情况，"传火以次应之"（《墨子·杂守》），保证军情能够隐秘而安全地完成传递。烽火的点燃方式，乃至是否配合用鼓击，都被赋予了特定的含义。为确保安全，应该在天黑时派兵出城，佩戴徽章等特殊标志，侦察敌人踪迹。一旦发现紧急情况，则分别使用秘密方式来完成信息的传递："即有惊，举孔表，见寇，举牧表。"（《墨子·杂守》）守城将士则用特定旗语进行指挥，如何战斗都要听从统一指挥，隐秘展开。主将要不停派出骑兵四处巡视，进一步侦察和跟踪敌情。尤其是要注意侦察壕池各处要害，如发现可疑之人，则可以向其射箭。如果己方有人疏忽，则一律斩首。对于外出人员，发给符节作为出入凭证："主节必疏书，署其情。"（《墨子·杂守》）凡有人员出入，掌管凭证的官吏都要详细记录在案，等他们返回之时必须分别进行严格的验证，做到人证相符才能入内。使者始终依靠凭证出门，无论从哪个门经过，都必须报告出门时间和使用凭证人员的姓名。可以看出，墨子始终主张使用严密的保密手段，这些其实是其组织实施守城之术的一个重要组成部分。

如前所述，孙子主张通过"形人之术"来实现信息的安全管理，这一方法得到战国兵家的继承。《孙膑兵法·擒庞涓》中"示之疑"和"示之不智（知）事"等，继承了这一思想方法。据《史记》和银雀山出土文献等史料记载，孙膑巧妙运用"示形动敌"等战术，很好地隐藏了己方的作战计划和决战地点，一举大破魏军并俘获庞涓。另外一部出土兵书《盖庐》中，也有"皮人陈以实，吾禺以希；皮有乐志，吾示以悲"的战法，同样很好地隐藏了己方的作战意图。《六韬》作者也主张使用欺骗之术，比如"令我后军多积粮食"等措施，可以故意摆出持久作战的架势，实则为了保证信息安全："无使敌人知我意。"（《六韬·虎韬·临境》）在这之后便可以达成"发我锐士，潜袭其中，击其不意，攻其无备"（《六韬·虎韬·临境》）的目标。在作者看来，"妄张诈诱"也可以实现"以荧惑其将"的目的，和"高置旌旗，谨敕三军"一样，都可以确保"无使敌人知吾之情"（《六韬·豹韬·林战》）。

值得注意的是，在现代安全机制的构建中，同样也是非常强调整体法律与纪律规定，《六韬》同样强调纪律的重要性，指出"谨敕三军"对于保密的重要性，仅《豹韬》中就曾多次提及，并且认为这也是做好保密工作的基本手段之一。清代学者所辑《六韬》佚文中，也有"当示怯弱，设伏佯走"的战法，也是对孙子的"形人之术"的继承。此外，在《六韬》中，还记录了通过使用"阴符"和"阴书"等手段，来加强情报传递的保密方法。所谓阴符，是古代的秘密通信工具。符以铜版或竹木版制成，一分为二，花纹不同，长短各异，以此作为秘密通信之用。因为各自具有特定内涵，因此可以"阴通言语"（《六韬·龙韬·阴符》），从而确保信息安全。至于阴书，则是另外一种秘密通信工具，设计非常巧妙，能比阴符传递更多的内容，也可实现"相参而不相知情"（《六韬·龙韬·阴书》）的目标。

（三）对制度建设的早期尝试

关于保密制度的探讨，首先数兵家中的《六韬》。《龙韬·军势》主张从将帅抓起："夫将，有所不言而守者，神也；有所不见而视者，明也。"作者尤其强调将帅遵守信息安全纪律的带头作用。这样才能算是"知神明之道"，才能达成"野无衡敌，对无立国"的效果。此外，《六韬》还主张在机构设置上有所作为，主要见诸《王翼》。该篇专门探讨司令部的组成、编制和职守。从"腹心"一人（犹如参谋长）到"法算"二人（犹如军需财会军官），各部门总计七十二人。其中有耳目（七人）、羽翼（四人）、术士（二人）等，都与情报工作有关，而且也有不少担负起与保密工作有关的职责。他们通过伪造证件、制造假情报、进行间谍活动、发动舆论战等手段，在刺探情报之外，也担负保护信息安全和反间谍等重任。

《周礼》又称《周官》，是一部官职资料汇编，早已被奉为儒家的经典。其成书年代，一般认为是战国时代。书中丰富的外交和情报官制，更能充分证明这一结论。就情报官员的设置而言，作者也充分考虑到信息安全和保密工作。比如夏官中有设环人，其主要职责是"察军慝，环四方之故，巡邦国，搏谍贼，讼敌国"等，亦即负责查处军中和国内的奸细、特务等以及向敌国提起相关诉讼等。匡人的职责为"达法则，匡邦国，而观其慝"，同样需要监视其有无为奸作恶之事。大小行人则在负责外交的同时，也"发四方之禁""除邦国之慝"等，也担负保护信息安全的重任。其他如大司寇和士师等，也有相关的职能要求。

与严密的体制设计相配套的是，对于失泄密事件多主张采取严厉的惩罚措施。孙子在《用间篇》中主张对泄密人员实施严惩。一旦发生泄密事件，必须予以严惩，而且坚决果断，措施严厉。孙子指出，如果间谍行动尚未实施，就已经被泄露出去，那就必须要对相关人员处以死罪："间事未发而先闻者，间与所告者皆死。"这句话展示了孙子的冷酷无情，不仅是杀泄密间谍，还要将所有的知情人员都杀死。不惜实施大范围惩处，其实还是为了信息安全，最大限度地降低损失。对于孙子的这一主张，宋代学者梅尧臣曾进行过总结，肯定其中的合理性："杀间者，恶其泄；杀告者，灭其言。"（《十一家注孙子·用间篇》）在他看来，只有采取严厉措施，才能有效降低泄密所造成的损失。这其实也是以牺牲局部利益的方式来保护整体利益，并能对全体将士起到很好的警示作用。不仅是梅尧臣，孙子的这一措施得到历代注家的广泛认同，也就是说，"兵谋大事，泄者当诛"（《十一家注孙子·用间篇》）被认为具有相当的合法性。《六韬》对传递情报的信使规定了严格纪律：传达兵符的信使不得随意停留。一旦泄露出去，就会遭到严惩："泄、告者皆诛之。"（《六韬·龙韬》）这一严酷的纪律要求，与孙子的主张非常相似。

战国时期流行的连坐制度，也因更突出强调了惩罚而在信息管理方面能起到一定作用。在法家看来，连坐制度不仅可以提升军队战斗力，也对保密有极大促进。告密不仅成为自保的必备手段，也为保密平添另外一个重要砝码。法家由商鞅开始就提倡连坐之法："令民为什伍，而相牧司连坐。不告奸者腰斩，告奸者与斩敌首同赏，匿奸者与降敌同罚。"（《史记·商君列传》）这种治术，鼓励告密行为，对揭发包括间谍在内的罪犯则有奖赏，自然会对保密工作有所促进。法家更大的目标是推行严酷的法令，以追求"从令如流，死而不旋踵"（《商君书·画策》）的效果，于保护信息安全方面，也能意外达成"行间无所逃，迁徙无所入"的目的。这一做法此后得到了韩非子等人的继承，使得连坐制度成为法家的重要标签之一。当然，连坐制度虽以法家提倡最多，执行最力，就此被不少人错认为法家的专利，实则不然。墨家和兵家等，都有类似主张。

在法家之外，兵家如《尉缭子》也赞成推行连坐制度。作者指出："军中之制，五人为伍，伍相保也。十人为什，什相保也。五十为属，属相保也。百人为闾，闾相保也。"《尉缭子》主张，如果胆敢有谁犯禁，则需要互相进行检举揭发，所谓"揭之免于罪"。反之，如果是"知而弗揭"，则全伍、全什、全属乃至全闾，都会悉数被杀。（《尉缭子·伍制令》）很显然，这种通过免罪的方式鼓励内部人员互相揭发，实则就是鼓励告密，同时是连坐制度的伴生产品。《墨子》也支持连坐制度："若欲以城为外谋者，父母、妻子、同产皆断。"（《墨子·号令》）与此同时，《墨子·号令》还鼓励告密："左右知不捕告，皆与同罪"；"当举不举，吏有罪"。《管子》这本书学派性质难定，历史上要么被归于道家，要么法家，甚至杂家，同样主张推行什伍之制。《管子·小匡》指出："制五家以为轨，轨为之长。十轨为里，里有司。四里为连，连为之长。十连为乡，乡有良人。"考察《国语·齐语》，这种什伍之制可能也是对春秋早期管仲的治理方式实现了继承，来源于管仲"作内政而寄军令"的巧妙设计。相比之下，春秋时期的管仲，推行"作内政而寄军令"的目的尚且是"人与人相保，家与家相爱"（《管子·小匦》），而《管子》则更进一步，不但告诫人们应提防因为不当仁慈行为而造成泄密，同时也竭力主张推行什伍之制从而使得亡者无所藏匿，并达成"有不善可得而诛"的效果。这种严密设计，无疑极大地启发了战国时期法家连坐制度的出台。应该承认，管仲所设计和推行的什伍之制不仅可以实现寓兵于农的目的，也能很好地隐藏己方的战略意图，做好保密。由于其中强调的是血缘关系和氏族纽带，有效实现了对个体行动的束缚，不仅对战国时期包括法家在内的各个学派产生了深远影响，也成为中国古代两千年基层管理的基本体制，甚至直到民国时期还有人尝试予以恢复。

最后还应提及的是，先秦时期一度主张对告密持肯定和鼓励态度，这是中国古代告密文化的发轫，不仅成为时代特色，甚至还对国民性格产生了深远的影响。因为对告密推行了政策性鼓励，不难造成告密行为的流行。因此，告密和连坐成为战国时期互相关联的两项制度，也受到后人颇多诟病。这一政策的出台，以法家鼓动最为有力，墨家和兵家等也有跟进。商鞅主张，"不告奸者腰斩，告奸者与斩敌首同赏"（《史记·商君列传》），将告密行为与赏罚结合在一起，此举又为韩非子等法家所继承和提倡。《尉缭子》也主张对通敌等不法之举进行检举揭发，通过免责来鼓励"伍内互揭"（《尉缭子·兵教上》）的行为。《墨子·号令》也主张鼓励告密："有能捕告之者，封之以千家之邑；若非其左右及他伍捕告者，封之二千家之邑。"这些主张逼迫民众和官员都在人人自危和人人自保的状态下，互相进行检举揭发。虽说此举对于推行保密不无助益，却也会由此而激发和放大人性中丑恶的一面。

第二章 秦汉至唐宋：保密工作的再发展

公元前221年，秦始皇完成统一六国的大业，虽说统治时间不长，但也宣示进入统一王朝。刘邦建立的汉朝，李渊父子建立的唐朝，包括宋元时期，这是大一统王朝尝试建立并追求稳固的时期。统治者为了维持统一局面，并且出于建设边防的需要，都非常重视保密工作。宋代边防吃紧，高度重视保密工作，并且尝试皇权的进一步集中，遂有皇城司这种制度建设方面的尝试。

（一）对保密工作的重视，理念上不断强化

《淮南子》是西汉时期诞生的一部思想驳杂的著作，书中同样对保密有所提及，因此提出"藏形"的观念："是故圣人藏于无原，故其情

不可得而观；运于无形，故其陈不可得而经。"（《淮南子·兵略训》）不仅如此，作者还将"隐匿其形"作为发起"出其不意"的进攻的基础。（《淮南子·兵略训》）所谓"隐匿其形"，亦即"藏形"。而且，所谓"藏形"也分境界高下。如果能达到其中的最高境界，就可以实现"虽有明目，孰能窥其情"的效果，从而使得"彼知吾所出而不知吾所入，知吾所举，而不知吾所集"（《淮南子·兵略训》）。正是因为保密做得好，所以才能充分掌握战争主动权。

著名兵典《三略》借引用《军谶》"将谋欲密"一语，论述了保密的重要性，重点强调做好保密工作。《三略·上略》中指出："将谋密，则奸心闭。"也就是说，只有做好保密，才能确保敌方间谍无法刺探情报。就信息保密的重要性，《三略·上略》还进一步从反面进行了论证，指出："将谋泄，则军无势；外窥内，则祸不制。"这里说明的泄露军机的危害。将帅的谋划之术如果被敌人窃取和知晓，军队就会在战场上失去有利态势，敌人如果窥探到我军内情，祸患也就会因此而生，无法制止。

东汉末年著名军事家曹操对于《孙子》有

着非常精深的研究，在注解《孙子》的作品中，也强调了对于保密的重视。比如在注释《谋攻篇》时，曹操强调了"将周，密谋不泄"，把将帅与保密工作直接联系起来，既强调了信息安全的重要性，也看到了将帅在其中的独特作用。在注释《虚实篇》时，曹操再次强调"情不泄"是夺取战争主动权的基础。在他看来，如果做好了军事保密工作，就可以充分施展手段进一步调动敌人："形藏敌疑，则分离其众以备我也。"反之，如果造成泄情事故发生，那么战争结果就会由此发生根本性的改变，这就是"形露必败"的道理。

曹操一生戎马，取得了无数战功，其中也有利用对手泄露军情而取得战争胜利的案例。其中最为典型的要数官渡之战。

公元198年，即建安三年，袁绍击败公孙瓒之后，占据青、幽、冀、并四州之地，势力越来越强大。而曹操则在挟持汉献帝，占据"挟天子以令诸侯"的有利局面之后，先后消灭袁术和吕布等豪强，控制了黄河以南，淮、汉以北的大部地区，从而与袁绍形成南北对峙。由于袁绍在兵力上占据着绝对优势，所以并没有把曹操完全放在眼里。曹操阵营一片慌乱，很多将士非常悲观。在曹操看来，袁绍存在着诸如志大才疏、胆略不足、刻薄寡恩、刚愎自用等诸多缺点，所以，即使是战将如云，却不能很好地使用，官兵上下并不能拧成一股绳。曹操决心集中手中优势兵力，坚决阻击袁绍的进攻。而且，曹操初战获胜，士气大振。袁绍不甘心失败，马上命令主力渡河，南下延津，寻找曹军主力作战。虽有谋士沮授等苦苦相劝，刚愎自用的袁绍一概置之不理。袁绍命令大军全速推进，一直抵近曹操驻扎的官渡安营扎寨。曹操出兵迎敌，却接连受挫，只得龟缩不出。曹军本来就在数量上处于劣势，故而经不起这种消耗战。曹军伤者众多，并且有一些投奔袁绍而去，这使得曹操心急如焚，甚至动起退兵许昌的念头。

　　远在许昌的谋士荀彧得知曹操有退兵之念后，立即写信给曹操，对这种退兵行为予以劝阻。另外一个谋士贾诩则根据自己所掌握的情报，及时帮助曹操分析两军形势。贾诩认为曹操在四个方面占据优势，有所谓"四胜"的优势，所以一定能在这场决战中获得胜利。曹操听从了他们的意见，决定继续坚持下去，耐心寻找击败袁绍的机会。袁绍劳师远征，所以粮草无多，眼看就供给不上，便命令后方及时调集补充。曹军间谍及时获取这一重要情报，曹操随即命令徐晃率军半路进行拦截，结果很轻松地把袁绍的运粮部队击溃，将袁军辛苦调集的粮草烧得一干二净。袁绍无奈，只得重新调集粮草。

袁绍手下谋士众多，但是他并不能很好地使用，反而因为刚愎自用使得这些谋臣三心二意、各怀鬼胎。恰在两军对峙的关键时刻，袁绍手下的重要谋士许攸因为家人犯法而受到审判和排挤。许攸便在一怒之下，转投了曹操。许攸跟随袁绍多年，对袁军内部情况了如指掌，掌握着有关袁绍军营的重要战略情报。所以，当曹操听说许攸到来，高兴得连鞋子都顾不上穿就赶出来迎接，这令许攸深受感动。许攸随后便将袁绍军中布防情况，尤其是有关后勤补给的地点，悉数透露给曹操。曹操由此得知故市（今河南延津县内）、乌巢（今河南延津东南）是袁绍储备粮草的地方，而且戒备不严，是个偷袭良机。

曹操得知这一重要情报之后，立即着手准备奇袭。他留下曹洪、荀攸把守大营，亲率步骑五千，冒用袁军旗号，人衔枚，马缚口，各带柴草一束，利用黑夜做掩护，从小路偷袭乌巢。袁绍守军果然防守松懈，曹军利用火攻立即将袁军的粮草储备烧毁。袁绍获悉乌巢遭到偷袭，认为曹操大营兵力一定空虚，所以只派少数轻骑赶去救援，留下大部主力继续猛攻曹军大营。可是曹军的主力都在守城，而且营垒坚固，袁军根本攻打不下。

袁军前线部队攻城不力，还听说乌巢遭到偷袭，立即军心动摇，无心恋战。曹军则乘势对袁军发起总攻，大败袁军。袁绍手下重要将领张部和高览都在战前倒戈，投降了曹操。袁绍最终只是带着八百轻骑兵得以逃脱，仓皇逃回河北。官渡之战，曹军斩杀袁军七万人，获得一场全胜。建安七年（202），袁绍因兵败忧郁而死，曹操则乘机彻底剿灭袁氏残部。建安十二年（207），曹操又出兵征服乌桓，基本统一北方。因为许攸的主动泄情，曹操才能据此制定非常具有针对性的战法，击中了袁绍大军的要害，从而取得了大胜。因此，曹操在注解《孙子兵法》时，自然会更加强调保密工作，多次强调"形露必败"的道理。

唐宋时期人们对于保密工作的重视，主要体

现在军事统帅和将领，以及钻研兵学的学者的有关著作思想中，如《唐太宗李卫公问对》，杜牧对《孙子》的注解，李筌与《太白阴经》，苏洵《权书》等有关著作，许洞所著《虎钤经》，曾公亮、丁度等人奉敕撰写《武经总要》，以及辛弃疾《美芹十论》，华岳《翠微北征录》等，都对于保密工作有所留意，显示这一时期中国古人对保密的重视在逐步强化，其程度在保密各种方法的具体总结和探索中也可见一斑。

南宋著名词人辛弃疾所著《美芹十论》，也强调了保密的重要性。"十论"中的第八论即《防微》，集中体现的是保密。作者首先指出："古之为国者，其虑敌深，其防患密。"接着作者借用"谨备于其外，患生于其内"一句古语，强调做好防奸保密工作的重要性，尤其是防止己方人员叛敌之后出卖情报，拉拢和收买那些杰出人才："敌国相持，胜负未决；一夫不平，输情于敌，则吾之所忌彼知而投之，吾之所长彼习而用之；投吾所忌，用吾所长，是殆益敌资而遗敌胜耳，不可不察。"辛弃疾指出，对于一个人的去留问题并不能光看表面上的东西，而是必须看到深层的实质内容，尤其要看到其后续波澜。比如说，某个人因为受到了不公平待遇愤而出走，他很可能会将相关己方的重要情报带走，并一一透露给敌人，这必将会造成难以挽回的损失，所以一定要给予足够的俸禄，赏以官职，防止这些人才外流，更要防止他们因心怀不满而泄露国家机密。从宋金交战的历史来看，辛弃疾的这些担忧并非耸人听闻，而是有着极强的针对性，也从一个侧面反映了当时宋金情报战中积极拉拢收买对方人才的实际情形。

（二）对保密方法的进一步探索

《唐太宗李卫公问对》有着公认的学术价值，仅其作者目前尚存争议。该书对用间得失能够辩证看待，强调对外派间谍的管理。该书作者认为"孙子用间最为下策"（《唐太宗李卫公问对·卷中》），而且，正如水能载舟亦能覆舟的道理一样，也存在"或用间以成功，或凭间以倾败"（《唐太宗李卫公问对·卷中》）的情况。此语虽略显偏激，但也展现出他对于间谍的辩证态度。这种用间质疑的原因，书中未就信息安全方面做过多深入，但是宋代苏洵在《权书》中已经对此有所揭示，认为"吾间不忠，反为敌用"，比如会传递假情报，即"不得敌之实，而得敌之所伪示者以为信"（《权书·用间》）。因此，苏洵认为，"能以间胜者，亦或以间败"，而且用间可能存有"三败"："吾间不忠，反为敌用，一败也；不得敌之实，而得敌之所伪示者以为信，二败也；受吾财而不能得敌之阴计，惧而以伪告我，三败也。夫用心于正，一振而群纲举，用心于诈，百补而千穴败。"（《权书·用间》）如果我方派出的间谍缺乏忠诚观念，反而是被敌人所利用，这种利用包括两方面，一种是传递了假情报，一种则是泄露己方的重要情报。总之这就是第一败，会造成泄露己方情报的重大隐患。而且，如果我方派出的间谍，得不到敌人的真实情报，反而是得到敌人有意散布的假消息，而且是信以为真地传回己方的决策层，这必然会给己方带来损失。在受领很多财物却不能得到敌人隐藏很深的作战计划，又因为畏惧而以伪情报告决策层，同样也会带来重大损失。在苏洵总结的这"三败"中，泄密危险被排在了第一位。在苏洵看来，用间正是"用心于诈"，因此才会有上述的隐患出现，尤其是带来泄密的危险。苏洵能够对用间采取一分为二的看法，既看到了上智为间的成功之处，也看到用间可能导致的"三败"，可能是受到《唐太宗李卫公问对》的启发，同时也启发了宋明其他的《孙子》注释家。他所总结的这些危害，对思考保密工作，尤其是做好反间，也有一定的助益。

李筌在《太白阴经》中重点提及的是防止言语泄密。该书对《鬼谷子》的揣摩术有所继承，也对"探心之术"有深入探讨。既然存在"探心之术"，在与敌人进行言谈之时，就一定需要注意防止言语泄情，不能让对手探测己方的真实意图。在李筌看来，情报工作需要"知心"和"知意"，"探心之术"就是"常以所见而观其所隐"（《太白阴经·数有探心篇》），这对今天如何做好保密工作也有一定启示。唐代诗人杜牧也热衷于研究兵学，并留下注释《孙子》的作品。他同样重视保密。杜牧关于《形篇》的"题解"就对此进行了强调："因形见情。无形者情密，有形者情疏；密则胜，疏则败也。"而且，示形之法中的重要目标之一，就是成功地保护好己方的军事机密和作战意图。杜牧说："自整军事，长有待敌之备；闭迹藏形。使敌人不能测度。因伺敌人有可乘之便，然后出而攻之。"杜牧指出，作为一名优秀的指挥员，一定要将己方的作战意图隐藏得很好很深，让敌人无从窥探己方行踪。敌人如果无形可窥，就会无隙可乘，己方就可以获得战争主动权。在很多时候，甚至要不惜使用诡诈之术，"使不知我本情，然后能立胜也"。由此可见，杜牧也是将军事信息的安全视为战争获胜的基础，并在方法上重视和继承了孙子的"形人之术"。

宋代著名学者苏辙同样重视孙子的"形人之术"，而且指出其对保护己方军事机密的重要性。在他看来，由孙子的"示形术"，可以保护己方的战略意图，因此便可以实现"无逆其心，而阴堕其志，使之深乐于吾之贿赂，而意不在我"的目标（《栾城应诏集·民政下·第四道》）。

需要重点提及的是许洞。他生于北宋年间，因为推崇孙子和李筌，著有《虎钤经》二十卷。他不仅高度重视用间之道，更重视反间术。他指出，"用间之道，圣人以用兵决胜"（《虎钤经·使间》）。也就是说，重视用间就能够取得决战的胜利，因此许洞在精心研究孙子的用间术之后又提出了他自己的"用间八术"，这"八术"中，明显地对"反间格外重视"。比如第二术："获敌生口，以所谋漏（一作泄）之俾得闻焉，阴缓使遁去，令敌得所谋而信之，我行则不然也，此以敌人为间者也。"这种通过对方间谍来传递假情报的做法，其实就是反间，能够在保护好己方机密的同时，也利用对方间谍传递假情报。第三术也是如此："敌来间，我诈为不知也，反事示之，敌将为事，我则出不意而击之，此反求来言以为间也。"这种"诈为不知"和"反事示之"的方法，明显也是反间，可以对保护己方机密情报有用，而且同样能够通过假情报误导对手。第四术说："敌以间来，厚赂之，令反其言以间敌，此反以来人为间也。"这里同样是强调了运用反间的方法。《孙子兵法·用间篇》中提及了五种间谍，孙子最重视反间。许洞的"用间八术"同样对反间给予高度重视，并在方法上有着不同的总结。

许洞为用间提出的行动原则是："观事而举"，意思是根据实际情况，灵活运用各种间术。许洞所总结的"用间八术"，在孙子用间术的基础上，增设了"使者""内釁""谍人"等经营对象，对谍报工作和谍报理论有很多创新。有的间术则是对孙子和李靖用间理论的发展，比如针对敌人的用间需要"诈为不知"和"反事示之"。这些其实是情报谋略，孙子在讨论"示形之术"时提出过，但在《用间篇》则有疏漏，许洞则是将其改造而成为用间术，这不妨视为是对孙子用间理论的一种发展。许洞的"诡敌之道"，同样是情报术，作者视之为"兵之要道"（《虎钤经·诡敌》），内容与"用间八术"虽有部分重合，但论述得更加细致，可视为是对"用间八术"的补充。至于许洞所论"困敌之法"，同样是情报术和反间术，对于做好保密工作有重要启迪。对于交战双方来说，行间之术和防奸之术是需要同等重视的。当我方试图探知敌情的同时，敌人也一定会派出间谍对我方情报进行打探。要想确保不上当，守住重要机密情报，就必须"知奸"。许洞由此特别设《知奸》一篇讨论这个问题，对于如何做好"防奸保密"也提出了许多独到见解。《虎钤经·知奸》中指出："敌使来，目数动，色数异而言肆者，刺客也。敌未困而请和者，谋也。敌卑辞厚币者，骄我也。使虽频来，为寇不止者，侮我也。厚货唊我左右者，欲构我密谋也。使来言语辨利，欲两国休解者，将掩我不备也。使言崛强者，欺我也。敌使有此七者，宜细详之，将为挟之。谋者反其谋，骄者反其骄，侮者凌之，构者示之，将掩不备复之，欺者诛之。留使者不可久，久则知我微，不若杀之。是以知奸之道，兵之本也，不可不审。"在许洞看来，我方试图探知敌情的同时，敌人也一定会派出间谍对我方情报进行打探。要想重要机密不会泄露，就必须要懂得"知奸"。比如"敌使来，目数动，色数异而言肆者"，这就是刺客，必须要善于察觉并及时处置。即便两军交战不斩来使，但对方公开派出的使者也存在刺探情报的可能，因此不能忽视，而应做到"留使者不可久"。一旦时间长了，为保护军事机密而言，不如将其杀死。许洞总结道，对方派出使者时，刺探情报的可能性非常大，因此必须懂得"知奸之道"，并将其视为用兵的根本。

就保护军事信息的安全，《武经总要》中总结了一些技术手段，比如"符契""传信牌""字验"等。《武经总要》对传送军情文书做了严格的保密规定："凡行军，主将不以有无事机，并须一日发奏，仍入急递；或事非文字可传者，即差亲信驰奏。"（《武经总要》卷十五）军队向朝廷报告军情，如果不是书面文字，就必须要派遣亲信前往奏明情况。另外，则强调了快速传递，即"急递"。所谓"急递"，也称"急脚递"，昼夜换马，马不停蹄，既保证传递速度，同时也避免途中发生意外，以致泄情。宋代传递军情确实也是按照这种要求进行。宋神宗时，传送特别紧急军情可持金字牌，长尺余，朱漆金字，刻有"御前文字，不得入铺"八字，以免发生意外。金牌急递之时，要鸣金开道，途中一切车马，都必须要让路。

为保护好军事信息的安全，《武经总要》对于军令的执行有着严格规定，概括说来，就是要符契和文书相符，否则就会予以严惩："不候铜符、木契与宣命、文牒相勘合而辄发兵者，斩；得符契不发及不即发，或虽得符契，不依次第，及无宣命、文牒相副而报发者，亦斩。"（《武经总要》卷十四）这种严酷的惩罚制度，既是保证军令畅通的需求，也是出于信息安全的需求。宋代对于军用文书的传递，采取了不少具体的保密措施。机密文书都要用蜡封好，沿途各铺都要查验封印，并在"小历"（类似于记事本）上记明交接时间。如无不可抗拒的原因而延误时日，则要受到严厉的惩罚。诸如此类内容，在《武经总要》中均有不同程度的反映。《武经总要》所记载"字验"，也是为了确保军事信息安全而设，并在宋真宗时代已经付诸实施。为了加强机要文书的管理，宋真宗时以"字验"配合传信牌，情报保密有了明显加强。所谓传信牌，一般长为六寸，宽为三寸，腹背均可刻字。传令时，在传信牌的槽中插入纸条，系于军吏之颈，以两个半牌相合作为凭证。所谓"字验"，就是事先拟定常用之事，逐一用固定字条代替，如"请箭、请弓、请粮料、请添兵"等，均以某一字作为暗号。这种编排方式，已经与今天的密码电报颇为相似。用这种方式传递情报，即使传信牌落入敌人手中，也不致发生泄密事件。

南宋华岳所著《翠微北征录》也对防奸保密给予高度重视，并特地针对当时军事和国防的弊端而指出："沿淮之凶恶，其别有四：一曰跳河，二曰两来，三曰兴贩禁物，四曰寇掠生事。所谓跳河者，间谍也。所谓两来者，奸细也。或断其尾，则吾军之密机皆自泄于将士也。"

（《翠微北征录·平戎十策》）华岳对当时"吾军之机密皆自献于敌国"的现象忧心忡忡，所以提出了一系列的解决办法，比如首先是加强对所属人员的管控，"将之所居，固宜与士卒咫尺"；其次则是加强对情报和情报传递的管控，比如设立"名递之法""数递之法"。所谓"名递之法"，类似于今天的密码技术，是将情报信息用暗语进行表达。比如以"人皆畏炎热"一句为例，"人"字代表"乞军器"，"皆"字表述"乞粮食"，这样便可以将重要军情用隐秘的方式表达出来。

宋太祖赵匡胤极富韬略，通过出色的文韬武略陆续剿灭各路割据势力，成功地统一中原。在大量运用情报战中，他也展示出出众的情报谋略。在北部边境，与北汉之间的间谍战中，赵匡胤就曾出色地使用了反间计。

开宝元年（968）七月，宋军抓获一名潜伏的北汉间谍。赵匡胤觉得这正好是可以借用的机会，于是就放走间谍，并通过这名间谍向北汉君主刘钧带回话说："君家与周氏世仇，宜其不屈，今我与尔无所间，何为困此一方之人也？若有志中国，宜下太行，以决胜负。"（《续资治通鉴长编》卷九）刘钧得到传话之后，干脆派遣这名间谍再次潜入宋朝，并且回复说："河东土地甲兵，不足当中国之十一。区区守此，盖惧汉室之不血食也。"（《续资治通鉴长编》卷九）宋太祖听到这样的答复，继续请间谍替自己传话：一定不会为难北汉君主，会给他一条生路。这实则是想麻痹对手，等待讨伐北汉的良机。

刘钧并不相信赵匡胤会就此彻底放弃对北汉的图谋，也丝毫没有放松对宋朝的间谍战。969年，北汉派出间谍对李谦溥的部将刘进进行离间活动。刘进是李谦溥手下的一名猛将，"勇力绝人"（《宋史·李谦溥传》），多次立有战功，北汉一直视其为心腹之患，因此试图设计除掉他。为此，北汉的间谍制作了一封致刘进的蜡丸书，然后故意遗失在宋军经常路过的道路上。这封蜡丸书引起宋军的高度重视，立即呈报宋太祖。宋太祖下令将刘进押往京师受审。李谦溥感觉其中有诈，便立刻以全家性命做担保，禀明宋太祖："此乃反间也。"（《宋史·李谦溥传》）宋太祖恍然大悟，立刻释放了刘进。

在宋代，还有名将李允则非常善于因势利导地布局，利用和辽人进行贸易活动时展开针对性的保密工作，及时地制止了各种泄密事件的发生，尤其值得关注。李允则（953—1028），字垂范，孟州（今河南孟县）人。北宋真宗时期戍边将领。他在守卫边疆期间，非常重视利用各种手段收集敌方的情报，尤其善于利用榷场（宋、辽边境贸易场所）进行谍战，取得了很好的效果。

1005年，宋辽签订了澶渊之盟。自此之后，两国之间大规模的战争和军事冲突基本宣告结束，长期中断的边境贸易重新获得大规模增长。这个时候，专门用于商贸的榷场便应运而生。榷场的开设，对于繁荣经济和发展边境贸易都起到了积极作用。但是，到榷场来从事贸易的人员结构非常复杂。辽国不少间谍都以商人的身份做掩护，通过榷场秘密地潜入宋境，大肆进行间谍活动。对此，不少宋朝官员都感到非常棘手，甚至有人主张立刻关闭榷场，以求得边境的安全稳定。

李允则出任镇州刺史之后，不但不关闭榷场，反而一度放松对榷场的管理。不仅如此，他还把原来管理榷场的纯军事机构更换成纯商业的巡检机构。李允则认为，故意放松对榷场的监管是"以我无用易彼有用"（《宋史·李允则列传》），可以就此麻痹对手，引诱对方间谍出动。李允则表面上放松了对榷场的监管，暗中仍然不忘战备。宋辽之间刚刚修好，李允则不敢有丝毫的大意，并不因为战事已经平息而放松对城池堡垒的修理整治。他的这一做法一度受到辽方质疑。宋真宗也下诏询问此事。李允则回答说："初通好不即完治，恐他日颓圮因此废守，边患不可测也。"（《宋史·李允则列传》）宋真宗觉得李允则所说很有道理。

当时的雄州城北有座旧城叫彻城，李允则很想将其与大城合而为一。为了不引起辽国的激烈反应，李允则先建东岳祠，并摆出黄金百两作为供器，而且并不严加看管，这当然很容易导致供器丢失。这时，李允则声称有盗贼从北方过来，他在下令立即进行抓捕的同时，派人迅速修筑城墙，把雄州城墙修理一新，与彻城连成一体。等辽方派出间谍侦知此事时，一切工程都已经结束。

某年元宵节将至，李允则得到消息说辽国将有边境官员化装前来雄州，借观赏花灯之际打探雄州虚实。李允则便在暗中布置，准备用反间计除掉他。到了第二天，守城士兵果然发现有化装成商人模样的紫衣客，"欲间入城中"（《宋史·李允则列传》）。看到敌酋如期出现，李允则按照事先所作安排，布置手下恭敬地在郊外迎接，然后接到宾馆善加款待，派出美女侍奉左右，送给美酒供其畅饮。等这名假扮富商的敌酋离开的时候，李允则还派人一直进行护送。辽国的间谍知道这一切，以为他被李允则收买，秘密将这一情况上报，没过几天之后，这名化装成富商的敌酋被杀。原来他正是幽州统军。

善于用间的李允则对敌方间谍也有一套独特的处理办法。通过榷场，李允则得以抓到很多辽方潜入的间谍。对于抓到的这些间谍，李允则都能很好地加以利用，努力进行策反，直至为我所用。有一次，李允则的手下抓获了一名辽国的间谍，李允则不但没有立刻处死他，反而为其松开绑绳，予以盛情款待。对此，辽军间谍很受感动，便将自己所刺探的有关宋军的重要情报悉数告诉了李允则。李允则听完之后说："若所得谬矣。"（《宋史·李允则列传》）然后便给他提供了另外一份有关宋军兵马、粮草的情报。这位间谍半信半疑，便要求李允则加上封条，盖上印章，李允则一一应允，并立即释放了他。没想到的是，该间谍在被释放之后不久，又返回宋军大营，奉还了李允则所提供的所有情报，甚至连封条都原样未动。紧接着，他便拿出自己所收集到的有关辽兵的兵马、财力以及地理情报，恭敬地呈递李允则，以表示自己的报答之情。春秋末期的大军事家孙子曾经说"非仁义不能使间"（《孙子兵法·用间篇》），李允则对敌方间谍这种"厚遇"的态度，成功地策反了辽方间谍，取得了很好的效果。

有一次，边民来诉讼说自己被契丹民打伤，要求官兵去抓捕。李允则只是给这位伤者一些钱疗伤，并没有前去进行抓捕。大家都以为李允则是出于对辽方的胆怯。过了些日子，辽方派人前来询问此事，问有没有辽方人打伤宋人事件。李允则派人回答说："没有。"原来，李允则知道这是辽方间谍战的惯用手法，以故意打伤汉人，来作为考察己方间谍执行任务情况的一个凭证。辽方派出人员询问这次打人事件，正是想对前一次的间谍活动求得一些验证。经过李允则的巧妙处理，辽方认为上次派出的那名间谍是说谎，亦即"以为妄"（《宋史·李允则列传》），于是就杀死了这名间谍。

李允则依靠自己建立的情报网，做到了对敌方情况的及时掌握，因此能在处理间谍案时占据主动。有一次，宋朝有一名逃犯跑到辽国，李允则发去文书要求辽方遣返其回境内。辽国那边则故意回答说："不知所在。"（《宋史·李允则列传》）李允则告诉他们在某处隐匿，辽国感到非常震惊，不敢再进行隐瞒，立即痛快地将这名逃犯遣送回宋境。

（三）保密制度和有关机构的设立

东汉末年，为了加强对军队的管控，曹操开始设立"校事"，以为耳目，维护军队的稳定，加强对所属人员的控制。从这个性质来看，校事其实是军中的反间谍机构，也是明代厂卫制度的源头，也可以说是近代秘密警察制度的发端。曹操此举后来也为孙权所效仿，东吴的"中书"，虽则和曹魏集团的名称不一，但工作性质非常相似。中书的管辖范围很广，渐渐成为皇帝最为宠信的臣子和最为得力的助手。除了中央设有情报机构之外，地方也设有情报机构。比如"察战"

就是设立在地方的固定的情报官员。吴国在边境地区同样设立有保密机构，名曰"刺奸屯"。每屯设有固定的贼曹担任长官，手下配有"刺奸"若干名。这些情报人员非常忠于职守，甚至在边防军队都完全撤离之后，仍然坚守岗位，不惧任何危险，为情报工作积极做着贡献，故此才会出现"江边空旷，屯坞虚损，惟有诸刺奸耳"（《三国志·吴书·贺全吕周钟离传》）的情况。可能正是这个原因，"刺奸"这一边防情报组织后来曾长期被历代政权沿用。

到了南北朝时期，皇帝为了实现对部下的控制，曾设立"典签"。典签的权力很大，甚至能够直接影响官员升迁乃至身家性命。宋文帝就曾经因为听信典签所密报的情报，将功臣檀道济杀死。皇帝需要了解情况时，就立即找来典签，于是渐渐造成典签权倾一时的局面。在齐明帝时，"诸王见害，悉典签所杀，竟无一人相抗"（《南史》卷四十四）。典签因为权力膨胀，渐渐地越来越放肆，把侦察手段运用到宫室当中，对皇子和诸王实施监控，渐渐引发众怒。典签也因此丢掉性命。梁代以后，典签制度渐被废除。隋唐之后，从三省六部政治体制得以确立之后，军事职能基本由兵部完成，情报职能的完成主要依靠职方司完成。这种局面到了宋朝仍然得到基本维持。唐代李辅国当政时，就已设立"察事厅子"，也称"察事听儿""察事"，用以监视官员的日常活动。唐代中期出现了武德司，主要负责处置宫廷内日常事务，充分发挥了皇帝"耳目"的作用，甚至于逐渐有能力对政局产生影响。至后晋、后汉时，武德司更是对"宿卫诸将"和枢密院都形成了相当强的制约。不过，在后周时期，武德司逐渐沉寂，在"陈桥兵变"中没有发挥有效的防范作用，直到兵变已经到了最后关头，内廷却浑然不知，这既说明赵匡胤的保密工作做得充分，也说明武德司作为皇帝的耳目，至此已经完全瘫痪。

宋朝建立初期，宋太祖赵匡胤亲自选择左右亲信之人，派遣他们"周流民间，密行伺察"（《续资治通鉴长编》卷一百九十七）。不久之后，宋太祖再设武德司，开始堂而皇之地布置谍网。981年，武德司改名为皇城司。据载："皇城司系专掌禁庭出入，依祖宗法，不隶台察。"（《文献通考》卷五十八）这个机构既不隶属政府系统，也不受官僚集团掣肘，完全秉承皇帝个人的意志行事，所以才能对群臣形成很好的监控。皇城司负责拱卫京师，充当皇帝的亲军卫队，但实际上，它更重要的职能是充当国家安全机构，承担对内监视、对外防谍的安全职能。作为军中的保密机构，它需要监视"宿卫诸将"，防止类似于陈桥兵变之类的事件再度发生，它同时也是皇帝的耳目，侦察京城中的一切动向，真正成为皇帝的"耳目之司"。此外，皇城司也负责侦察潜伏在京师的外国间谍的活动情况。当时，京城聚集了全部重要政府机构，这里因而成了各国间谍会集之地。最后，皇城司还在重大任务中承担着保密职能。大臣出使之时，身边都会有皇城司的人相随，确保其不会发生泄密事件。

第三章 明清时期：保密工作因专制统治的强化而提升

蒙古人依靠铁骑建立的庞大帝国，被明王朝取代之后，中国进入专制统治进一步强化的时期。明朝吸取元朝政制松散的教训，越来越趋于专制，臭名昭著的特务统治畸形发展。但厂卫制度的建立，其实也对保密工作有所贡献。进入清代，随着铁腕统治的加强，围绕密折制度的建设也对重要信息的保密工作有所促进，并且也有自身特色。

（一）保密工作与军事斗争更进一步结合

明清时期，政治家和军事家们大多都对军事信息的保密管理有着足够的重视，都能意识到保密工作对国家安全和战争胜负的突出影响。不仅如此，管理失当所带来的危害，也被人们所认识。《周易》中说"几事不密则害成"，唐顺之在《武编》中也进行了强调。他指出，军事行动的成败与保密工作息息相关，因此一定要强化保密。唐顺之申论道："事机之无穷，一或不密，则我之所以制敌者，敌反得以制我矣。"（《武编·前集》卷六）也就是说，一旦发生军机泄露，就会造成主动权的易手：本来我方拥有着制敌之机，却会因此而反过来为敌所制。顺应这一逻辑，唐顺之指出，如果能够刺探到敌方的军事机密同时也能保证不被对方发现，就一定能够获得取胜之机，也就是说："胜在于敌人之不及知事，败于吾军之不能秘。"（《武编·前集》卷六）唐顺之进一步总结道，一切战争的成败都与信息管理和保密工作紧密相关，管理不当就会失败，管理严密就能拥有胜机，正所谓"皆败于轻泄，而贵于善秘"（《武编·前集》卷六）。

尹宾商著《兵垒》，也将保密工作视为实现"全胜之道"的重要前提之一。尹宾商总结了四条全胜之道："缓则其神必闲，神闲则其气必定，气定则其谋必密，谋密则其发必锐。此四者，全胜之道也。"（《兵垒·谲》）虽说作者在这里总结了四条"全胜之道"，但这四者之间存在着层层递进的关系，强调信息安全的"谋密"排在最后一条，显然已被作者视为达成全胜之道的最重要前提。不仅如此，《兵垒》化用孙子在《用间篇》中的"事莫密于间"这句名言，强调用间过程中加强信息管理的重要性。尹宾商指出："策莫密于间，莫妙于间。凡遣间，指纵必极幽隐，虽死弗得漏吾密，虽黜弗得测吾妙。"（《兵垒·微》）应该看到，尹宾商虽受孙子直接影响，却并未止步于孙子。就用间过程中的信息保密而言，《兵垒》不仅总结了更为具体的方法，还提出了更为苛刻的要求，尤其是"虽死弗得漏吾密"一语，给间谍设定了一道保守军事机密的红线，要求全体人员严实秘密，即便是丢掉性命，也不能泄露任何军事机密。

作者失考的《草庐经略》设专篇强调了保密工作，亦即《尚秘》篇。作者首先强调看深藏军机是战争的本质属性要求，指出："兵者，机事也。机不深藏，使士卒得窥其际，敌人闻之而预备矣。"在他看来，高明的将军在指挥作战时，一定首先确保信息安全，做好保密工作，使得敌人无从窥探己方的战略意图，即"有时秘藏如处女，有时飘忽如风雷"。为了突出强调信息管理的重要性，作者还接连举出戚继光等名将因为做好信息安全而成功击败倭寇或叛贼的典型案例，从具体战例出发总结保密的经验得失，进而得出结论："尚秘为兵家第一义也。"《投笔肤谈》作者同样待考，旧题西湖逸士著，也有不少人视为何守法所著。该书也高度强调保密的重要性，并将其作为战术执行之前的最重要内容加以强调。《投笔肤谈·持衡》指出："是故善攻者，噪以动之；善守者，静以待之。"这里的"静"，正是就保密工作而提出，因此说"静待，密其机也"。《投笔肤谈·战形》专门总结战争中可能出现的各种形势，将泄密视为"必败之形"，一旦"逆其机而露其形"，就会酿成失败的苦果，这就是"失于不密而害成"的道理。为了说明这层道理，书中也举出了历史上的若干经典案例，如汉代王恢没有做好保密工作而导致匈奴在听到风声之后及时地撤走，原定的作战计划全部泡汤。还有一例是在春秋时期，秦国长途奔袭攻打郑国，也是因为进攻计划被商人弦高识破，就此导致进攻整体计划破产。

叶梦熊所著《运筹纲目》也高度强调"事宜机密"，重视保密工作。他引用《孙子兵法》

《六韬》等兵典，对这一理念进行了高度的强调。《六韬·豹韬》中说"谨敕三军，无使敌人知吾之情"，《孙子兵法·九地篇》中强调"能愚士卒之耳目，使之无知。易其事，革其谋，使人无识"，这些都是关于保密工作的名言。叶梦熊对这些名言进行了引用和阐释，对于加强保密工作的重视程度，与孙子等军事家保持高度一致。不仅如此，叶梦熊又据此出发，借诸葛亮北伐与司马懿斗智过程中重视保密并巧妙隐藏作战计划，从而确保战争谋略成功实施等典型案例，进一步总结了加强信息管理的重要性。他指出："一机一泄，为敌所败，岂止不能取胜而已。"（《运筹纲目·料敌》）也就是说，信息管理和保密工作事关战争胜败。一旦军事机密泄露出去，非但是战争不能取胜，反而会为敌人所败，造成重大损失。

进入清代，军事家和学者们对保密工作仍然高度重视，并在观念上继续深化。揭暄在《兵经》中指出，获胜的战机不易出现，而且还会稍纵即逝，因此将帅在谋划战争时必须要首先注意做好保密工作，正所谓"谋之宜深，藏之宜密"（《兵经·机》）。揭暄进一步指出，"谋成于密，败于泄"（《兵经·机》），也就是说，一切军事行动的成败都和保密工作息息相关。基于这一认识，他将保护军事机密视为最要紧之事，给予了突出强调，也就是"三军之事，莫重于秘"（《兵经·机》）。汪绂著《戊笈谈兵》，对孙子"为客之道"的长途奔袭之法非常赞赏，同时强调了保密对于这一战术设计的重要性。长途行军不仅是体现在距离之长，同时也体现时间之久，因此格外需要注意做好保密，稍有不慎就会泄露军机。因此汪绂重点强调了"行军贵乎潜密不测"（《戊笈谈兵·司马吴孙》）。与此同时，这一战法的核心更要求"谋之至密"（《戊笈谈兵·司马吴孙》）。这其实就是"不欲为人知"，充分做好保密。因此，在决战发起之前，一定要首先确保信息的安全管理措施到位。就孙子的《用间篇》，汪绂也从保密的角度强调了其必要性，提醒人们知道用间之法的"奸险"并就此注意"自密"，也就是说需要首先做好自身的保密工作。谍报战线特殊性，对于保密有着特殊要求，格外重视保密。在《间书》中，朱逢甲也引用《孙子兵法》《李卫公兵法》等兵典中的名言，又结合汉代陈平行间立下殊功的案例，强调了"用间尤宜密"的道理。当然，朱逢甲认为一切军事行动都应注意信息安全，所谓"兵机皆贵密"，但与之相比，用间则更为突出。

身为儒者的王夫之，也对包括军事信息在内的保密方法进行过探讨。在《读通鉴论》中，他结合历史人物和典型案例，也对保密的重要性有所揭示。王夫之首先强调了做好保密是"将众之道"，亦即领兵作战的基本要领："束伍严整，斥堠详密，将众之道也。"（《读通鉴论》卷三）与此同时，王夫之还借《周易·节卦》阐释了他对信息管理的理解。该卦初六爻辞曰"不出户庭，无咎"，这里的"不出户庭"不仅是提醒注意节制，同时也强调了"慎言语、守机密"的重要性。如果能将重要信息控制好管理好，就可以确保安全无恙。王夫之借《节卦》"不出户庭"一语，就信息管理和保密问题进行阐发，指出："密也。密者，慎之谓也，非隐其实、顾反用之、以示不测之谓也。"（《读通鉴论》卷三）无论是政治斗争还是军事斗争，都必须要注意重要信息的安全管理，确保不发生泄密事件。与此同时，王夫之还援引唐太宗立储过程中因不慎泄密而导致骨肉相残的流血案例，再次指出了泄密的重大危害："太宗一言之失，问非其人，而不保其爱子，不永其宗祧。易曰：'君不密，则失臣。'"（《读通鉴论》卷二十一）《易传》说："君不密，则失臣；臣不密，则失身；几事不密，则害成。"在王夫之看来，唐太宗正是因为没能做好保密，这才引发了一场骨肉相残。应该看到，统治者对于皇权的贪恋和争夺具有难以根除的劣根性，但王夫之仍然尝试从另一个角度出发进行剖析，足可体现出其对保密的重视态度。

在抗倭和平叛的军事行动实践中，军事家们也非常注意军事信息的保密工作，也注意将相关心得写进兵书或策论。明清时期诞生兵书较多，仅明代便有一千余部，更多有价值的兵书大多诞生于明代中晚期，这与其时内忧外患的逼迫不无关系，也与战争规模的升级有着直接因果。严峻的安全形势，逼迫着人们对战争问题和退敌方略等进行深入思考，并将保密作为重中之重。《草庐经略》《投笔肤谈》《纪效新书》等先后诞生于此时，大多对保密有着突出的强调。

明代著名思想家王阳明一面自称"不习军旅"（《王阳明集》卷十四，《辞免重任乞恩养病疏》），一面自谦"将略平生非所长"（《王阳明集》卷二十，《丁丑二月征漳寇进兵长汀道中有感》），其实他在兵学研究上也卓有建树，而且也有指挥战争的成功实践。《明史·王守仁传》中有这样的评价："终明之世，文臣用兵制胜，未有如守仁者也。"这绝非夸张之词。平定宁王朱宸濠的叛乱战争，明军因为有他的出色指挥而顺利取得胜利。在战争中，王阳明尤其重视重要信息的安全管理，强调"师出以律而机宜慎密"（《涮头捷音疏》）。在布置剿匪行动时，王阳明要求"一应机宜，务须慎密周悉"（《南赣擒斩功次疏》），同样提出了"慎密"的要求，对保密的重视程度可谓不言而喻。围绕保密，王阳明具体强调了两个注意事项，一则是在筹划战争时要做到"密画方略"，确保最核心机密不要泄露出去；另一则是要求在平时就做到"密为之防"，认真做好保密，确保敌方的奸细无法在己方阵营中潜伏，从而确保战争总目标的顺利实现。在上书朝廷的奏疏《南赣擒斩功次疏》中，王阳明数次强调了军事保密的重要性。他不仅要求军队在出城之时务必做到行动隐秘，不得张扬，在到达前线阵地之后，更是要求军队注意悄悄布置驻扎，即"密屯贼巢要害处所"（《南赣擒斩功次疏》）。可以看出，王阳明在军事行动中始终是将"密"视为急务，给予了高度重视。展开军事行动的过程中，保密贯穿于始终。

戚继光在指挥和领导抗倭战争时，同样高度强调保密工作的重要性。当时抗倭斗争的现实情况，正如郑若曾在《筹海图编·降宣谕》中所总结的那样：倭寇每到一处，"皆广布奸细"。保密工作由此而面临着极大的挑战。既然如此，防奸保密也就此成为明军首先需要面对的急务。在率军抗倭的初期，戚继光也曾屡遭不顺，奸细防不胜防，加上明军的羸弱，都令其苦不堪言。此后，他在义乌等地大量招募矿工和农民，陆续充实到抗倭队伍中来，使得军队的战斗力获得极大提升。虽说战争过程中得益于募兵制度，但戚继光深知奸细也会趁机潜伏进来，并就此造成军机泄露。因此，他告诫部下在招募兵员时，必须同时重视保密，避免敌方奸细的渗透。为防止军情泄露，戚继光制定了非常严厉的惩罚制度，泄露军情一律予以重罚。在《纪效新书·阵令篇》中还有如下规定："若未见主将之先，敢于中途因人问起，即便说出，但有一人先知在主将之前，定以泄露军机，问者、答者皆坐军法。"从中可以看出，即便是有人在夜间无端暴露己方动静，无论情节轻重，都一律予以斩首。这种严厉的惩处措施，充分反映出戚继光对于保密工作的重视程度。

郑若曾基于抗倭斗争的实际需要而撰写《筹海图编》《江南经略》等著作，书中除探讨和总结海防与江防的方略之外，同样将防奸和保密视为第一要务，注意做好保密。就防守而言，郑若曾认为首先要做到严防奸细："夜巡诘奸细，为第一要事也。"（《筹海图编·严城守》）不仅如此，郑若曾对于奸细的巨大危害性也有深刻揭露。他指出，奸细的破坏作用首先是泄露军事机密，但并不会止步于此。他们还会在贼兵攻城之时充当接应，常见的接应方式有两种："其一是伏奸细于城中放火，守城者奔救，则敌乘间而登；其二是暗约奸细上城照防疏虞处，用云梯登至垛口挥刀杀人，守者惊散贼从此上。"（《筹海图编·严城守》）由此可见，奸细仅仅是为贼兵提供情报就已经会造成巨大的危害，如果再与贼兵里应外合，则很容易造成城池失守，因此必须作为防范的重点。

进入清代，统治者同样高度重视战争中的军事保密。从《清世宗实录》中可以看出，他一向重视保密，曾谕内阁曰："历来会议军务皆极慎密，以防漏泄。"（《清世宗实录》卷二十九）影响清代政治近两百年的军机处，其成立之初也有保护军事信息安全的考虑。雍正七年（1729），雍正帝决定对西北准噶尔部用兵。为了及时掌握和迅捷地处置西北方面军情，同时也为了实现军事信息的安全传递，雍正决定设立军机处。它不受任何人干扰，只负责军情处理和军机谋划，并高度强调军事信息安全。在战争准备阶段，需要首先筹备粮草等军需。雍正要求一切军需事宜都"交与怡亲王、大学士张廷玉、蒋廷锡密为办理"（《清世宗实录》卷八十二）。至于西路军的战争筹备，更是交由总督岳钟琪专任。因为前后运转严密，"王大臣等小心慎密"，战争筹备二年有余，各省居然都"不知有出师运饷之事"（《清世宗实录》卷八十二）。战争发起之后，重要军事机密，都交由"岳钟琪悉心妥议密奏以闻"（《清世宗实录》卷一百一），以确保军事信息的安全传递。虽说西北此役不算成功，但军机处的运转证明了其对于信息安全具有无可替代的作用，因此在战事结束之后仍然得以保留，其职权也逐步扩大。

当然，虽说清朝统治者曾高度重视保密，但晚清的多次战争证明各级将领的执行力堪忧。由于军事实力不济，再加上军事信息的管理问题多多，西方列强遂有机会对中国发动一系列情报战，以至于清军在列强的坚船利炮面前不堪一击，一再发生"机事不密，贻笑敌人，覆军杀将，一败不支"（《清史稿》卷三百七十八）的悲惨状况。

（二）明清时期保密方法总结

明清时期的军事家们继承了孙子等前贤的智慧，就军事保密继续进行探讨。他们一方面将严防间谍和排查奸细作为保密的重点，并就如何防范进行了深入探讨；另一方面则继承和借用孙子的"形人之术"在内的传统谋略之术，加强对军事机密的保护。

首先是防范和排查奸细的方法的探讨。明代御倭将领基于军事斗争的实践强调严防奸细，并视为保密的急务。奸细不仅泄露军事机密，还会在敌兵攻城之时充当内应，很容易造成城池失守，因此必须作为防范的重点。既然如此，就不能不对防间谍和抓奸细进行了深入探讨。

一般认为，广布哨探，加强对关键地带和重要场所的巡察和搜查，是杜绝奸细混入的最常见方法，也是最重要方法，明清军事家们对于此法同样也非常重视。如何良臣在《阵纪·募选》中指出："乖觉晓事，诚慎细密，备谙山川进退险易者，宜充哨探、巡察。"在他看来，要想做好保密，首先就要对那些军队行军和进退的关键地带多做巡察，从而有效地防止对方的侦察行动，防止奸细混入。对于搜查奸细的方法，明代兵书也有较为详细的探讨和总结。戚继光强调了对关键内容的保密，方法其实也很简单，就是要做到"不预设"："主将号旗，颜色随意，不预设以泄机。"（《纪效新书·旌旗篇》）既然是临时决定，对方深潜的间谍也无从知晓，有关核心秘密得到保护。郑若曾在《江南经略·行军节制》中总结了多条要诀：第一是派兵"于最高处四面瞭望"，同时也应派出士兵携带短兵器，在深林幽谷之中仔细进行搜查，确定"果无奸伏"

之后，才能展开下一步行动。第二是夜间布置军事行动时注意做好信息安全传递，军情传递需要"差人密切禀报"，主将如有军令颁布，则需要分头派遣人员"逐队亲行告谕"，并且始终"不得高声呼唤"，防止有奸细在附近埋伏和偷听。第三，注意加强对重点人和重点场所的搜查。所谓重点人，是指那些喜欢"异言异服"之类面貌可疑之人，包括游手好闲之徒以及喜欢散布谣言之人。所谓重点场所，则包含寺庙、"各处娼优之家"，因为这些地方往往是盗贼之老巢，很容易隐藏奸细。

应该看到，敌方选派间谍可能也会按照孙子"上智为间"的标准进行精挑细选，前来刺探情报的间谍通常也会注意隐蔽行踪，轻易不会"异言异服"，因此郑若曾所总结的上述方法，其中也不无可商之处。

奸细混迹一旦混入城内，则非常难以识别，因此需要在各处城门展开认真的"门外盘诘"（《筹海图编·严城守》）。吕坤在《救命书·城守事宜》中探讨"城守事宜"时，主张通过发放有柄手牌来解决。这种手牌应该是通行证的一种，牌上写有持证之人的姓名，守门官吏于门外依照手牌逐一进行点查，"若有面生之人，牌上无名，或年貌不同，实时擒拿送审，以防奸细夹杂进入，为贼内应"。在《筹海图编·严城守》中，郑若曾对此也有较为详细的总结。他的具体方法是：首先在壕沟百步之外设立木栅栏，再于城门之下安置士兵，"严兵以待之"。一旦遇有紧急情况发生，就立即进行处置。包括必需的开放城门，也要注意方法，尤其需要防止"避难之人一拥而入"，从而给排查奸细带来困难。《筹海图编·严城守》中还规定："闲杂人等不许无故上城垛口。"这不仅是为了防止贼兵误伤民众，同时也是为了方便我方人员排查奸细。城墙之上一旦涌入闲杂人员，奸细也会趁机混入并窥探军情。

郑若曾还总结了具体的盘查方法，主要分为四步：首先是要选拔那些具有经验的士卒担任盘查任务；其次是选定交通要道，选定奸细来往的必经之路；再次是逐一对来往人员进行辨识；最后还要对来往人员的物件进行认真搜查。就盘查方法而言，郑若曾这里强调的是"逐一"和"仔细"，与前述将"异言异服"作为重点盘查对象的做法明显有别，也许可视为堵塞漏洞的有效之举。不仅如此，在完成逐一盘查之后，郑若曾还要求"守门官员再行查验"（《江南经略·行军节制》），亦即履行必要而严格的复查手续，防止有漏网之鱼。而且，为防止那些假作避难之人趁乱涌入城中，盘查人员需要提前做好针对性预案，确保对方的奸细无机可乘。

如果有奸细混入城内，则更需要在城内街巷认真仔细地展开排查。当然，现实情况是，奸细一旦潜伏下来，就很不容易发现，正所谓"所苦者，盘诘奸细甚难"（《筹海图编·严城守》）。郑若曾点明其中原因："盖奸细乃本地之民。"（《筹海图编·严城守》）因为是本乡本土民众，一旦混入居民区则非常难以识别。加上有的百姓家属还被贼兵挟持作为人质，只能就此听从贼兵安排，甚至变身成为贼兵的内应，帮助贼兵刺探军情。因此，何守法指出，不仅要注意对方投降将士展开认真排查，同时也要注意防止己方民众通敌，变身为奸细。对此，《投笔肤谈·持衡》中总结道："亡奴多至降虏，必有泄机之灾，攻之当虑也。奸民易于导寇，此为室中之患，守之当防也。"民众通敌，大概类似于孙子所说的"乡间"，不仅是泄露军情，还会成为对方的引导，严重影响军事行动的展开。

　　总之，为做好保密，严防奸细潜伏，就应该不惜代价展开全面而又细致的摸排工作。这是做好防奸保密的基础，也是确保城池无虞的必要举措。要做到这些，就需要守城将帅主动作为，未雨绸缪，力争防患于未然。郑若曾认为，最佳的方法是逐出城内城外所有的娼妇："防奸之道，莫若城内城外尽将娼妇逐出。"（《筹海图编·严城守》）而且，为防止因互相串通而走漏消息，应该"议定某日某时一齐举发"（《筹海图编·严城守》）。之所以会想出此种方法，想必也是基于当时抗倭斗争的实际情况，对卧底的习性有基本掌握。奸细除了爱财，选择窝匿有财者之外，也会出于自身安全考虑，选择最便捷的隐蔽场所。由于城中实施了保甲和连坐之法，那些生活无着或贪财好利的娼妇之家往往成为奸细藏身的首选之地。当然，也有部分奸细会选择伪装成云游僧或乞丐等，在城内各处悄悄地隐藏，如鬼如蜮地刺探消息，因此，驱逐娼妇也只是可以试行的方法之一，并不是万能良方。相比之下，那种"逐户挨查门禁"和"仔细盘诘"（《筹海图编·严城守》）的笨办法也值得提倡，虽说非常费时费力，但在通常情况下反倒会更有效果。

守城时需要注意严防奸细潜伏，野外作战也是如此，同样需要注意认真做好保密。唐顺之强调，安营扎寨之时，首先就要做到严防"奸人探候"（《武编·前集》卷一）。戚继光对募兵制能造成泄露军机的危害仍然有着清醒的认识，因此也制定相应的防范措施，防止因为"生兵乌合"（《纪效新书·束伍篇》）而造成奸细悄悄地潜伏。为此，他一面告诫招募兵员工作时要充分做好防间和保密工作，避免敌特分子乘机混进来；一面还对军队驻扎制定有保密规定。在野外安营扎寨，需要设置足够的伏路之兵，而且依据令箭交替，主要任务是"辨验往来真伪，盘诘奸细"（《纪效新书·行营篇》）。为防止造成泄密，军营号令不许预定。如果太过靠近贼兵，则改以"以禽兽之声为号"（《纪效新书·行营篇》），而且特殊随时给予哨官，哨官则依次亲口相谕完成通知信息的任务。这些口令，或学鸡鸣为某哨，或学牛鸣为某哨，都不预先设定。在《纪效新书》中，戚继光强调应选择对方意想不到的地方驻扎，不让敌方奸细察觉。不仅如此，一旦到了日落时分则一定严令全军断火，即"不许燎烧柴草"，而且"夜间不许支更鼓"。（《纪效新书·扎野营说》）如果有紧急军情需要传递，则通过传令箭等方式秘密完成。与此同时，守门将士需要辨认奸细，如果不是奉将令出行，一律不许擅自打开营门。

唐顺之在《武编》中也提示注意埋锅造饭的时间，为的就是确保野外安营地点等不会泄露，而且必须要确保天暗以后灭火。如果有士兵因为外出执行任务而被迫夜归，则一定要"先辨军号及辨语音"（《武编·前集》卷二），在确认其真实身份之后方许入内，严防奸细趁机混入营区。如果营中必须传递必要的号令，则要求号令及时变化，而且一定不许重叠。不仅如此，为确保信息不被泄露，所有号令必须"是主将临夜亲行发放，不得预定"（《武编·前集》卷二）。一旦在野营过程中发现敌方已有奸细混入营内，则需要命令士众保持肃静，不得随意动身叫唤。在他看来，如果全体保持噤声安坐，不必打草惊蛇，在这种情况下，"细作自然不敢兴动"（《武编·前集》卷二）。等到天明之后，奸细的身份更容易被识别，再及时地对其进行抓捕。

其次是对传统"形人之术"的继承和发展。明清时期的军事保密，也深深地铭刻着孙子等先贤的烙印。当然，他们在对孙子的"形人之术"完成继承的同时，也有一定程度的发展。

首先要提及的是《投笔肤谈》，作者对于如何隐藏己方作战计划等，都有着较为详细的探讨。我们知道孙子的"形人之术"，其核心是"诡道之法"的运用，主要内容是"能而示之不能，用而示之不用，近而示之远，远而示之近"（《孙子兵法·计篇》）等，总之都是使用欺骗手段令敌方出现错觉，通过大量释放假情报以误导对手，最终达成"形人而我无形"（《孙子兵法·虚实篇》）的目标，成功地保护己方作战意图等重要军事信息。《投笔肤谈·兵机》在孙子的继承上显然有所发展，书中所总结的谋略之术更详细更具体，共计有以下十条："故善制敌者，愚之使敌信之，诳之使敌疑之；韬其所长而使之玩，暴其所短而使之惑；谬其号令而使之聋，变其旗章而使之瞽；秘其所忌以疏其防，投其所欲以昏其志；告之以情以款其谋，慑之以威以夺其气。""愚之使信"或"诳之使疑"等，是对孙子"能而示之不能，用而示之不用"的化用。"谬其号令""变其旗章""告之以情"等，则明显地在孙子的基础上又有所发展。当然，从总体上打量，《投笔肤谈》所总结的"愚之"和"诳之"等手法，其中体现的都是欺骗手法，思想内核是对孙子"示形"手法的继承。作者通过使用虚实变化之术以达成神秘莫测之效，进而藏住己方作战意图等。而且，就总体运用方法而言，也与孙子保持着一致。

在保护作战计划等军事秘密方面，唐顺之同样也追求实现孙子所谓"无形"之境，具体实施方法也与孙子"形人之术"颇有相似之处。在《武编》中，唐顺之对历史上兵典的"形人之术"进行了梳理和总结，指出此法的关键就是孙子所总结的"能而示之不能"和"利而诱之"这些要诀。在他看来，正是由于成功地实施了欺骗手段，所以才能达成"彼莫能测我众寡强弱之势"（《武编·前集》卷二）的效果，重要军事信息因此而得到安全防护。不仅如此，基于这一思路，他在《诡》篇中进一步总结了多种欺骗之术，如排军布阵、排兵交战等过程中都可以通过欺骗隐藏作战目标，也在总体上实现"先诈后鬼而变真成"（《武编·前集》卷二）的目的。

无名氏所著《三十六计》，有学者认为是明末清初诞生，也有人认为诞生时间更晚。其中的"瞒天过海""暗度陈仓""笑里藏刀"等计策，也都是主张通过谋略的运用，尤其是欺骗之术的展开，实现隐藏己方战争意图的目的。此外，清朝初年学者唐甄在《潜书》中对此法也有较为详细的申论。他先是以二人技击为例，说明弱势一方如果能够使用谋略，隐藏己方真实的进攻意图并抓住时机对敌发起攻击，就可以"遽前击之"，令对手"触手而倒"。（《潜书·五形》）对于孙子"示形"之术，唐甄还在运用方面有具体揭示。具体地说，不仅要有"游兵以扰之"，还要"缀兵以牵之"；既可以"形兵以疑其目"，也可以"声兵以疑其耳"。（《潜书·五形》）与孙子的"示形"多为"动敌"不同，在唐甄看来，"示形"还可以针对己方部众展开："设为死形以坚众心。"（《潜书·五形》）也就是说，不用告诉部众己方所处的真实处境和将要执行的真实作战方案。在他看来，即便不是"死地之形"，如果能巧妙运用欺骗之术，隐藏真实情形，就可以让三军上下团结一心，抱团死战，从而实现孙子所希望达成的"陷之死地然后生"（《孙子兵法·九地篇》）的作战效果。

清初另外一位军事理论家揭暄在《兵经》中也探讨了"以术误敌"之法，主张通过情报示伪来隐藏己方作战意图，保护军事信息的安全。《兵经·误》认为，"克敌之要，非徒以力制，乃以术误之也"。为此，揭暄还总结了各种误敌之术，其中包括："误其恃，误其利，误其拙，误其智，亦误其变。"《兵经·误》强调：一定要努力做到"误人不为人误"，即一方面要积极开展情报示伪，一方面也要严防被敌人的假情报迷惑。与此同时，还要"慎以行师"，即出兵作战和行军备战等，全程做好保密，必须事事谨慎处处小心，从而很好地预防各种"风波之险"。将《兵经》的这些论述对照孙子在《虚实篇》的"形人而我无形"，我们不难看出《兵经》立论所本。揭暄的思考并未止步于此，他还细致总结了造成泄密的多种可能的方式，而且防不胜防：如果"秘于事会"，则"恐泄于语言"；如果"秘于语言"，则"恐泄于容貌"；如果"秘于容貌"，则"恐泄于神情"；如果"秘于神情"，则"恐泄于梦寐"。（《兵经·秘》）

这些内容，就保密而言，无疑较孙子又有所发展。

考察军事史，揭暄以上所总结的这些手段和方法绝非危言耸听，包括最后一条"泄于梦寐"，其实也是随时可能发生之事，美国学者曾对此有系统揭示。揭暄之所以对此详细加以总结，无非是为保密找到更好的方法。总结起来，揭暄的办法可以简单归于两类：其一就是"有行而隐其端，有用而绝其口"，其二就是前面所说的"误人不为人误"。为确保安全保密，不妨把那些无须保密的信息予以公开，这样就可以让对方产生信任，从而保住应该保护的秘密："然可言者，亦不妨先露以示信，推诚有素，不秘所以为秘地也。"（《兵经·秘》）必要之时，还要控制知情权："一人之事，不泄于二人。"（《兵经·秘》）与此同时，还要注意秘密的时效性：必须做到"明日所行，不泄于今日"（《兵经·秘》）。更为关键的是，一定要确保军事信息在传递过程中的安全保密。在揭暄看来，金、旌、炮、马、令箭、起火、烽烟，只能是报紧急之事时使用，因为其无法保证军事信息的安全。军情传递过程中，更应强化重要信息的安全管理，具体的传递方法应根据不同的战场情况而灵活选择运用，《兵经·传》中指出："两军相遇，当诘暗号；千里而遥，宜用素书，为不成字、无形文、非纸简。"

就保密而言，《兵经》的诞生还有另外一层意义，即再次揭示了言语泄密的可能并试图找到解决方法。俗话说，祸从口出。历史上因为言语不慎而造成泄密事故，可谓屡见不鲜。中国古代的纵横家注重揣摩之术，也经常试图洞悉对方的内心世界，利用言语来刺探对方的机密情报，也可以由此而称我国心理学的开山之作。遗憾的是，这一点在历史上只是偶或有人予以关注，比如唐代李筌在《太白阴经》中就写有《数有探心篇》，也力求通过"因其心、察其容、听其声"和"考其辞"等方式来刺探对方的情报。揭暄不仅对于《鬼谷子》的揣摩之术有所继承，相应写下《揣》《摩》两篇，而且主张反其道而行之，将此法用于保密。在他看来，如果言语得当，语言技巧运用出色，通过"习其事，悉其弊"（《兵经·言》）等手法，不仅可以实现观察对手真实动机的目标，也能巧妙地隐藏己方的真实意图。

最后，对于安全管理方法也有辩证思考。明清时期，人们对保密方法进行了多重探讨，大多立足于严字当头，但也有学者主张从实际需要出发，有针对性地实施管理方法，比如分清时机、区分主次等，反对简单地一味求严。

明朝末年的左懋第主张保密应注意区分时机和等级，对于各种情况下的管理方法也有所提示。在《春明梦余录·详察密封疏》中，他总结了"当密"和"不当密"以及"可密于事先"和"不必密于事后"等四种情形。在他看来，如果是事关战争胜负的重要军事信息，所谓"事关兵机"，就一定需要注意做好安全管理，注意全程保密，所谓"动于九天，藏于九地，何可不密？"尤其是在制定戍边之策时，一定不能让敌方奸细刺探军机，需要严格做好保密。但是，如果是边境已经安定，则可以适当解密，这一方面是因为时机不同，一方面也可以"使廷臣知何策以安边"。在左懋第看来，这一层道理，正如抓捕犯人时的信息管理。在逮捕犯人之前必须要做好保密工作，防止因走漏消息而导致犯人逃跑，但在成功抓捕罪犯之后，就没有必要再实施严格的信息管理，而是理应"昭布所以逮之故"。左懋第上述主张，就保密而言，无疑提供了新的思路和方法，至少可以有效避免浪费人力资源和节约成本，而且也可以分清主次，抓住重点。此论虽说因为明朝灭亡而没有引起广泛重视，也未及在当时展开讨论，却在清代引起部分反响。康熙、雍正、乾隆等，都已经对此有了充分的重视，并着手在制度上进行改进。很显然，他们也看到了这一主张所体现出的进步观念。清代围绕密折制度就信息管理有着非常深入的方法总结和非常精巧的制度设计，显然与他们非常注意及时汲取明代的经验教训有关。

明朝以厂卫制度为主要特征的特务政治，同时强调了对各类信息的严密管控。对此，明朝末期包括左懋第在内的各界人士都不免对此进行反思，由此而引发上述议论也属正常。明末著名学者顾炎武也看出其中症结所在，他认为过度的信息管控，必然地会造成信息流通上的阻碍，至于面呈帝王密奏不仅不能遽信，反倒还存在着诬陷的可能。顾炎武此论虽说没有明确指明信息类别，而更像是批评明代保密政治的荒谬，但对保密而言，也不乏启示价值。就顾炎武此论，清人程方伯也是从保密出发，委婉地进行了反驳。他围绕抗倭斗争的复杂性强调了军事保密的重要性，尤其强调了在制造重要武器时一定需要严格做好保密："惟制造须密，勿使泄露。"（《日知录》卷二十九）

明清时期，人们已对保密方法，曾从不同角度出发进行过深入思考。也有学者认为，出于节省人力物力的角度，保密也应抓住重点。比如唐甄在《潜书》中对此曾有所揭示，他强调应重点加强京师的各类保密，认为天子之都理应加强肃清，确保军政信息的安全保密，并且努力做到"豪侠不得惑众，奸宄不得潜藏"（《潜书·远谏》）。他将京师的治理情况按照信息管理效果分成上、中、下三重境界，如果说"责饱者必炊饭，责暖者必缝衣，责治者必养民"是"上善政"的话，能做到"察奸发隐，四境无盗"则至少可以确保"中善政"。（《潜书·省官》）

王夫之借回顾宋代枢密院的兴废历史，强调了军事保密的重要性。他指出，战争始终是影响国家安危的大事，必须要慎重对待，枢密院则是关注"战守之变"的关键机构，必须要在保密上下足功夫，做到"经画之密，审于始终，文字不得而传，语言不得而泄"（《读通鉴论·宪宗》）。但与此同时，王夫之也认为失当管理行为也会给己方带来损失和危害。不仅如此，在他看来，保密也并非战争必胜的唯一筹码，也就是说"勿恃谋已密而可不虞也"（《读通鉴论·炀帝》）。为了更好地说明管理方法不当所带来的危害，王夫之就《周易》中"不出户庭，无咎"一语重点进行阐发，指出："易曰：'不出户庭，无咎。'慎之于心也。"（《读通鉴论·顺宗》）也就是说，要想做好保密，首先就应该做到"慎之于心"，而不应过多地专注于表面文章。就重要军事信息而言，必然是"门内之密谋"，如果安全防护措施不当，最多只能是流俗之人眼中的所谓"深人"，却必然地会成为君子眼中的所谓"浅夫"。

（三）明清时期保密制度建设

为抓好保密工作，明清时期也就制度层面进行了多方探讨。一方面是加大了奖惩力度，另一方面则是建设必要的管理制度。

保密工作的制度建设，很多都是围绕奖惩制度而展开，并且力度不断得到加强。当然，与奖励相比，惩罚力度的强化似乎更受统治者的欢迎。为确保重要信息的安全管理，"连坐"之法受到赞赏并大力得以推行。奖励当然首先实施于能够捉拿奸细的有功人员，但就具体的执行标准而言，则是仁者见仁智者见智，认识上并不统一。何良臣认为，如果抓到对方的奸细应该给予重奖，而且力度可以等同于捕获敌方首领。在《阵纪》中他强调："伏路出奇，生擒敌首及奸细人员，因得机情而偷营斫寨，致敌自扰，而我兵乘进者，为上功。"（《阵纪·赏罚》）何良臣认为，一旦捕获对方奸细，则可以和擒拿敌方首领一样，都能就此扰乱对方的整体作战计划，而我方则可以趁机进兵，故而是对战争进程产生重要影响的战功，因此理应授予"上功"。相比之下，唐顺之的奖励力度显然较轻。在《武编》中，他将战功分为"奇功""头功""准头功"等。那些在"交锋之际突入贼阵"和"出奇破贼成功者"等，皆可视为奇功；那些"首先败贼者"和"救援克敌者"则应被视为头功；与之相比，那些"擒获奸细者"，则只能赏赐"准头功"。（《武编·前集》卷一）虽说都是提倡对俘获奸细给予奖励，但是《武编》在奖励力度上明显地不及《阵纪》。

　　郑若曾一贯主张严防奸细，同时也指出"各处娼优之家乃贼盗之巢窟"，因此需做重点排查："每日稽查某家接留有无踪迹可疑之人。"（《江南经略·行军节制》）如能因此擒获奸细，自应予以重赏。即便因情势所迫而无法擒拿，但仍然能"密报所在官司"则可因为"协同擒拿有功"而获得"一体重赏"的机会。（《江南经略·行军节制》）当然，虽说是"重赏"，但究竟按照何种标准执行，郑若曾这里并没有明确。不仅如此，在《筹海图编·禁妄杀》中，他倒是对"指称奸细，杀以为功者"表示了担忧和警惕，主张应对这种行为给予严惩。当时，确有不少人因此而冒领奖励："盖谓之奸细必至，一二人假装吾民，或探听消息，或潜为内应，既已觉露，可缚而致之。"很显然，相比战场上冒死杀敌，依靠这种伪称奸细行为而冒领军功相对容易很多，各种欺诈行为也因此而滋生，因此郑若曾主张严禁无故杀死奸细："奸细止许生擒，不许杀害，违者一体抵罪。"既然可以引发军卒不惜以身试法而冒领军功，也可以想象出当时对抓捕奸细行为的奖励力度。

与奖赏相比，惩罚措施似乎更有利于防止泄密行为的发生。而且惩处力度越大，越能起到威慑效果。《阵纪》中规定，一旦发生泄密事件，也会遭到严惩，甚至是杀头，如"不得辄问敌中事宜，因而漏泄者斩"（《阵纪·战令》），再如"漏得失机事于敌人，匿奸细缘由于境内者，斩之"（《阵纪·战令》）。戚继光曾亲自制定《伏路条约》，号令三军共同遵守，同时还写有《伏路军法》，其中明确了对泄密行为的惩处。在戚继光看来，要想确保己方防线固若金汤，就必须做好保密，始终做到"内外咸备"，从而令贼兵无懈可击。因此，戚继光规定："漏泄军事及夜号者，斩。"无故泄露军情，包括夜间无端暴露己方行动计划的，无论情节轻重，都一律予以斩首，这种处罚力度充分反映出戚继光对于保密工作的重视程度。

　　为了强化对重要军事信息的保密管理力度，戚继光还祭出连坐制度。《练兵实纪·守哨篇》中规定："如有误事，军法示众，陆路官连坐。"《纪效新书·行营篇》的思路与之保持一致，同样主张实施连坐制度强化对信息的保密。其中规定，每营官兵都应组织严密的搜查，不间断进行巡夜，否则一旦发现"奸细之变"等，"俱罪坐本官"。在制定《守城军法》时，为防止泄露军情，戚继光禁止"夜归私家"，并且也推行连坐之制。他规定，如有"大言喧哗"或因"夜惊"而暴露军队行踪者，都会推行连坐之法，要求"军法示众"。何良臣也提倡以"连坐"制度来加强军队的管理，《阵纪·战令》中规定："其偏裨将、千把总之分布策应，原其地之远近，连坐有差。"就保密来说，此法当然同样适用。如果因为传递不当等原因造成泄密，都会受到严惩，并且会严肃追究相关人员的连带责任。《阵纪·战令》还规定："凡塘报、夜不收、哨探之类，为人欺惑，传送不真，因而误事者斩。"对于伺机窃听军事机密人员，无论其出于什么目的，都会施加严惩，甚至是斩首："大将与左右偏裨聚议密事，有逼帐瞩垣者斩。"对于有意无意造成泄密的人员同样也会严惩："漏得失机事于敌人，匿奸细缘由于境内者斩之。"为确保军事信息的安全，何良臣主张将杀人范围扩大，其实也是连坐制度的延续："主将进退密令未出，攻伐机事未行，而有先闻者，告与所闻者俱斩之。"为确保军事信息的安全无虞，夜深之时那些无故号叫的士卒，因为可能会造成泄露军情的事件，也会被一并斩首："夜深无故号呼，惊营动众者斩。邻队邻伍知其惊营，而不静待，亦故附其号呼者俱斩。"（以上均见《阵纪·战令》）

再者就是保甲制度和密折制度等制度设计。保甲制度可以溯源到春秋时期管仲的"什伍之法"，由于战国时期法家的作用，使之与连坐制度紧密结合在一起。该项制度在明代的大力推行是在16世纪及17世纪初，因为其对基层管理的突出作用，也在清人入关之后受到重视和推行。连坐制度在军队的实施，主要是针对各级编制展开，民间则依靠保甲制度而能对排查奸细起到一定作用，加之其对基层治理能起到助力，更得到统治者的提倡和推广。为确保该制度对军事保密起到作用，《筹海图编·严城守》中主张按照建制发放"连坐信牌"，由保长挨家挨户发放。"连坐信牌"既是身份识别，也可以起到警示作用，这对防止奸细能起到一定作用，可以很好地实现"各甲自相纠察"。一旦发现某甲出现容留奸细的现象，则"一甲连坐"，而且一定会从重处罚，"不得与平时止坐直日者轻罪例论"。包括寺庙这些清静之所，在特殊时期也被要求效仿执行，同样要求住持等持有信牌出入，并模仿保甲制度而发起"各房互相纠察"。为防止伪造或借用等情况发生，这种"连坐信牌"只能是在战争爆发前夜临时发放，一旦战争结束便立即收回。在平时，也可以通过发放"连坐信牌"来防止奸细的混入，每甲只发一张，而且均为临时派发。

明代尹耕著作《乡约》，提倡建立乡约制度，即模仿周制的"聚民"之法建立"堡制"，以求实现"兵农相资之用"，从而对防御"虏患"起到一定作用。其中也建议通过颁发"堡符"和"门符"来防止奸细。这种乡约制度和保甲制度都受到清朝统治者的重视，配合中国传统的宗族制度施行，有学者称之为"宗族的保甲乡约化"，在一定程度保证了基层社会的治安与教化。

王阳明曾推行类似于保甲制度的"十家牌法"，也对社会治理和预防奸细及盗贼叛乱起到了一定作用。王阳明对"十家牌法"有详细总结。简单地说，就是"编十家为一牌"，然后方便"沿门按牌审察动静"（《王阳明集·案行各分巡道督编十家牌》)。一旦发现面目生疏之人和踪迹可疑之事就必须立即汇报，反之，如果有谁胆敢隐匿，则十家连罪。因为有连坐之重罚，因此居民不敢纵恶，而奸伪无所潜形，可以很好地防止奸细潜伏，可以很好地保护军事信息在内的各种信息安全，也对基层社会治理起到促进作用。"十家牌法"就根本目的和基本治理方式上都对保甲制度有所模仿，希望能够对百姓实行定位化管理，再通过连坐之法加以严格约束，防止私通贼寇、传递情报、窝藏奸细等现象发生。为了确保此项制度得到贯彻与推行，王阳明推行保长制，要求推选才行等为众人信服者担任保长，并加大对保长的问责："但遇盗警，即仰保长统率各甲设谋截捕。"（《王阳明集·申谕十家牌法增立保长》）

为防止奸细渗透，明代开始加强了对边境地区的管控，高度重视长城沿线的巡察。戍守长城的军士中特别设有"尖哨"，分明哨与暗哨，负责收集和刺探军事情报。在长城沿线也设有驿站，有学者统计，仅辽东镇长城沿线便设有八十余处。对于"尖哨"，明军也制定了各种规章制度加以管理和约束。戚继光在北疆戍守期间，就曾创立《条陈尖哨事宜》。这些举措，既能在一定程度上保证边防军队机动和御敌行动的展开，也能有效杜绝敌方奸细混入境内刺探情报。专制制度不断得到发展，不仅是维护皇权和统治秩序，也部分促进了保密。明代建立的厂卫制度，导致特务政治高度发达。锦衣卫在承担护卫职责及侦察敌情任务的同时，也担负着反间谍和抓捕奸细的重任。正如《明史·职官》中所载："盗贼奸宄，街途沟洫，密缉而时省之。"永乐十八年（1420），"东缉事厂"（简称"东厂"）成立。它在完成对锦衣卫的监控和牵制的同时，也将"缉访谋逆妖言大奸恶"（《明史·刑法志三》）作为重要职能。汪直所设西厂则侦缉范围更广："自京师及天下，旁午侦事，虽王府不免。"（《明史·刑法志三》）明武宗正德年间，刘瑾又设内行厂，在监视东、西厂和锦衣卫的同时，也部分担任着抓捕奸细的职能。

虽说有严密的制度设计，但明朝还是不免灭亡的命运。总结灭亡教训，王夫之也将原因部分归结于军事信息未能得到有效保护。他借助宋代枢密院强调了保护军事机密的重要性，认为枢密院不仅可以"遥领主帅死生之命"，同时也因为"文字不得而传，语言不得而泄"（《读通鉴论·宪宗》），能够确保军事信息的安全，所以无可替代。他对枢密院的这一肯定态度，明显表达的是对于明代相关体制的不满。

进入清代，统治者在制度设计上更为严密，更好地保护了军事信息和政治信息的安全。为建设严密的监控网络，康熙年间形成的用于君臣之间秘密沟通的奏折制度，也因为军机处的设立而更受到重视。如前所述，军机处成立于雍正朝，起初阶段是将军事信息的安全传递作为其基本职能之一，后期虽说职能越发扩大，安全秘密地传递情报的职能始终得以保留，密折制度因为能满足各类重要信息的安全传递而长期受到重视，并在安全和保密制度上继续得以强化。康熙朝有权进折人员非常有限，除了宗室姻亲、汉族异姓王公和中央官员之外，只有少数地方官员和内外蒙古各部王公才能拥有此项权力。在雍正朝及乾隆朝，有权进折之人仍然非常有限，而且被要求做好严格的保密措施。军机处办公场所非常简陋，却一直有着严格的保密规定，挂设"枢密重地"字样，禁止无关人员靠近。不仅如此，雍正朝、乾隆朝，包括嘉庆朝，都在为努力确保各类信息的安全管理和秘密传递而建章立制。

雍正即位之后，一直努力实现外朝通信体系的公开性。与此同时，也更加注意使用奏折制度避开外朝，并高度强调信息传递的区分度，注意重要信息的保密。为了加强各类信息的安全管理，雍正采取了多种措施。首先是打造专用的箱锁用于奏折的存放。锁钥只有具折之人和雍正掌握，他人不得私开。其次，奏折直接送内廷，军机大臣只是代转，不得私自拆阅。还有军事朱批需要及时回收。在乾隆朝，围绕密折的保密管理更加严格。为确保信息安全，乾隆规定满族官员在书写奏折时只能使用满文，禁止使用汉语。具折官员书写密折时，不得与任何人商议，即便是自己的上司。至于皇帝朱批，更是不许泄露其中任何一字。对于军机处办公场所也加强了管理，要求"凡事俱应慎密，不容宣泄"（《枢垣记略》卷一）。与此同时，乾隆对于驿站投递也有非常严格的规定，马上飞递报匣密件时必须有两人或三人同时执行，不得单人完成。乾隆要求："军机要务，非寻常事件可比，若只用一人，或偶尔坠马，或偶遇疾病，必至贻误。"（《清高宗实录》卷三百二十九）在嘉庆朝，奏折传递过程中的管理要求进一步强化。为确保奏折内容不被泄露，嘉庆一度出台规定，严禁太监经手部院衙门奏报政务之折。对于军机处的管理和控制也得到加强，军机章京办公地点严禁无关人员窥视，即便是亲王也不许到军机处和军机大臣商讨军机大事，违者都会遭到重处不赦。总之，包括军事信息在内的各种重要信息，无论是传递还是处理，其间的安全管理措施都不断得到强化，对维系清帝国的安全运转也起到了一定保障。

出版说明

　　"新编历史小丛书"承自20世纪60年代吴晗策划的"中国历史小丛书",其中不少名家名作已经是垂之经典的作品,一些措辞亦有写作伊初的时代特征。为了保持其原有版本风貌,再版过程中不做现代汉语的规范化统一。读者阅读时亦可从中体会到语言变化的规律。

　　　　　　　　　　　　"新编历史小丛书"编委会

图书在版编目（CIP）数据

保密史话 / 熊剑平著 . — 北京：文津出版社，
2024. 7
　（新编历史小丛书）
　ISBN 978-7-80554-878-4

Ⅰ . ①保… Ⅱ . ①熊… Ⅲ . ①保密—工作—中国—古
代 Ⅳ . ①D691.6

中国国家版本馆 CIP 数据核字（2023）第 122475 号

责任编辑　王铁英　张　帅
责任营销　猫　娘
责任印制　燕雨萌

新编历史小丛书

保密史话
BAOMI SHIHUA
熊剑平　著

出　　版　北京出版集团
　　　　　文津出版社
地　　址　北京北三环中路 6 号
邮　　编　100120
网　　址　www.bph.com.cn
总 发 行　北京出版集团
印　　刷　北京汇瑞嘉合文化发展有限公司
经　　销　新华书店
开　　本　880 毫米 ×1230 毫米　1/32
印　　张　3.75
字　　数　58 千字
版　　次　2024 年 7 月第 1 版
印　　次　2024 年 7 月第 1 次印刷
书　　号　ISBN 978-7-80554-878-4
定　　价　24.80 元

如有印装质量问题，由本社负责调换
质量监督电话　010-58572393